AF558995

Bärbel Mohr

Übungsbuch zu den Bestellungen beim Universum

Wunschblockaden
schnell & einfach lösen

Omega

Omega-Verlag ist ein Imprint der Verlag »Die Silberschnur« GmbH

ISBN: 978-3-89845-679-1

1. überarbeitete Neuauflage 2021

Gestaltung & Satz: XPresentation, Güllesheim; unter Verwendung verschiedener Motive von © nednapa, © Romolo Tavani, © Denis Belitsky; www.shutterstock.com
Druck: Finidr, s.r.o. Cesky Tesin

Verlag »Die Silberschnur« GmbH · Steinstr. 1 · 56593 Güllesheim
www.silberschnur.de · E-Mail: info@silberschnur.de

Hinweis

Die Übungen in diesem Buch sind zwar meistens sehr schlicht und einfach, aber sie sind trotzdem nur für Menschen geeignet, die sich einer normalen psychischen Gesundheit erfreuen. Psychisch Kranke sollten sie im Beisein ihres Therapeuten durchführen, da manche Übungen innere Kräfte und Gefühle freisetzen können, für die ein Kranker professionelle Begleitung und die Möglichkeit zu Feedbacks braucht.

Inhalt

Einleitung

Die Übungen in diesem Buch helfen, die theoretischen Inhalte meiner anderen Bücher zu den Bestellungen beim Universum besser umzusetzen. Denn einmal lesen allein bringt meist noch nicht die ganz große Rundumveränderung, die man sich oft wünscht.

Die Übungen sind vielfältig gestaltet und setzen von verschiedenen Seiten an. Natürlich musst du nicht alle auf einmal machen, das wäre Stress und kontraproduktiv. Die Auswahl ist vielmehr dazu da, damit du dir das herauspickst, was dich jetzt anspricht, und du einfach mal irgendwo anfängst. Wenn sich dann die ersten Veränderungen einstellen, kannst du gemächlich schauen, mit welcher Übung du vielleicht weitermachen möchtest.

Manche Übungen kann man einmal durchführen, andere täglich. Einige sind überwiegend für den Geist, andere fürs Gefühl, wieder andere betreffen alte Gewohnheiten und Verhaltensmuster (= automatische Dauerbestellungen), die man verändern möchte. Es ist bestimmt für jeden etwas dabei.

Für Neueinsteiger, die noch nicht viel von mir gelesen haben, habe ich stellenweise Hintergründe, die zum Verständnis wichtig sind, die aber schon in anderen meiner Bücher beschrieben wurden, in Fußnoten zusammengefasst. Wer sich noch an die angesprochenen Themen erinnert, kann einfach flüssig darüber hinweglesen.

Viel Freude beim spielerischen Üben und einen guten »Dauerdraht nach oben« wünscht euch

eure Bärbel

Wie innen so außen

Zur Erinnerung: Beim Universum zu bestellen ist nichts anderes als sich zu vergegenwärtigen: Wie innen so außen oder: Das Äußere ist ein Spiegel unseres Inneren.

Das simpelste, allen bekannte Beispiel: Jemand, dem überwiegend freundlich lächelnde Menschen im Leben begegnen, lächelt vermutlich selbst viel, und zwar aufrichtig, von innen heraus. Er hat das wohlwollende Umfeld mit seiner inneren Einstellung selbst erzeugt. Bei jemandem, dem nur schlechtgelaunte und aggressive Menschen begegnen, liegt der Verdacht nahe, dass er selbst unzufrieden mit seinem Leben und sich selbst ist. Das strahlt er aus, und die Umwelt spiegelt es ihm wider – sie ist also seine eigene Schöpfung.

Wobei – Hallelujah und Hurra – zumindest die Erkenntnis, dass andere Menschen ein Spiegel für uns sind, ihr esoterisches Schattendasein aufgeben konnte. Sie wird nämlich inzwischen von zeitgenössischen Wissenschaftlern gestützt, zum Beispiel von dem aus dem Fernsehen bekannten ulmer Neurobiologen Professor Manfred Spitzer, der uns erklärt, wie das Gehirn aus neuester wissenschaftlicher Sicht funktioniert. Oder von dem Freiburger Professor für Psychoneuroimmunologie, Joachim Bauer, der 2005 ein wunderbares Buch veröffentlicht hat mit dem Titel: *Warum ich fühle, was du fühlst: Intuitive Kommunikation und das Geheimnis der Spiegelneuronen*.

»Wir erleben, was andere fühlen, in Form einer spontanen inneren Simulation«, schreibt Joachim Bauer. Kurz gesagt haben die Forscher sogenannte Spiegelneuronen im Gehirn entdeckt. Was immer jemand tut oder fühlt, führt dazu, dass in seinem Hirn bestimmte Neuronen feuern. In einem Beobachter, der dieser Person gegenübersteht, feuern die Spiegelneuronen allerdings genauso. Das heißt, sie simulieren, was im anderen vorgeht. Und dazu reicht es, wenn der Beobachter nur unbewusst und aus dem Augenwinkel heraus Fragmente von Bewegungen, Mimik oder Tonfall des anderen wahrnimmt. Intuitives Gespür für andere Menschen wird daher aus aktueller wissenschaftlicher Sicht verstanden als das Wahrnehmen der simulierenden Aktivitäten der Spiegelneuronen.

Wer es genauer wissen möchte, dem kann ich das Buch von Joachim Bauer wärmstens empfehlen. Es ist allgemeinverständlich geschrieben und macht viel von dem, was alte Traditionen, Weisheitslehren und auch viele Mentaltrainer seit Jahrzehnten über Intuition erzählen, endlich salonfähig.

Natürlich gibt es auch noch genügend Diskrepanzen. Wir »Alternativies« sind überzeugt von der Existenz eines Äthers, während die konventionelle Wissenschaft es nach wie vor überwiegend nicht ist. Wobei sich auch in diesem Punkt die Lager der Wissenschaftler spätestens seit Aufkommen der Quantenphysik stark spalten.

Eine interessante Dokumentation zu diesem Thema bietet der Kinofilm *Ich weiß, dass ich nichts weiß* (englischer Originaltitel: *What the bleep do we know*). Darin werden 14 US-Wissenschaftler interviewt – Quantenphysiker, Gehirnforscher, Biochemiker, Ärzte, Psychologen. Sie alle sind überzeugt, dass wir Mitschöpfer unserer Realität sind, dass wir in einem Universum leben, das wir letztlich selbst sind, und dass der Akt der Beobachtung bereits ein Schöpfungsakt ist.

Auch der Biochemiker und Neurologe Dr. Joseph Dispenza berichtet von »inneren Simulationen«. Allerdings erwähnt er einen anderen Aspekt davon. Im Film erzählt er von einer interessanten Untersuchung: Man ließ Versuchspersonen ein Objekt ansehen und beobachtete dabei, welche Neuronen im Gehirn feuerten. Dann bat man die jeweilige Versuchsperson, die Augen zu schließen und sich das Objekt nur vorzustellen. Ergebnis: Es feuerten genau dieselben Neuronen. Das heißt: Das Gehirn kann nicht unterscheiden, ob etwas real passiert oder ob ich es mir nur vorstelle – oder gar simuliere, was in einem anderen Gehirn geschieht. Auch Joachim Bauer schreibt, dass der Wissenschaft bislang erst ansatzweise klar ist, wie das Gehirn zwischen eigenen Gefühlen und fremden, nur simulierten Gefühlen, überhaupt unterscheidet.

Die »Eso-Praktiker« (eine geniale Wortschöpfung von Vera F. Birkenbihl) setzen solcherlei Erkenntnisse schon seit Jahren in die Praxis um, basierend auf ihrer eigenen »Erfahrungswissenschaft«. Ein Trainer- und Autoren-Kollege von mir, der Manager und Hochleistungssportler betreut, Clemens Maria Mohr (nein, wir sind kein bisschen verwandt, die Namensgleichheit ist rein zufällig), hat mir beispielsweise von einem Versuch mit Profi-Basketballspielern erzählt. Zuerst zielte jeder Sportler hundertmal auf den Korb, um zu testen, wie oft er im Durchschnitt traf. Dann wurden die Sportler in drei Gruppen unterteilt: Gruppe eins trainierte täglich in der Halle, den Ball in den Korb zu werfen. Gruppe zwei lag im Liegestuhl und stellte sich vor, sie würde einen Korb nach dem anderen werfen. Gruppe drei trainierte die Hälfte der Zeit mental im Liegestuhl und die andere Hälfte der Zeit real in der Halle.

Rate, welche Gruppe die größten Fortschritte erzielt hat? Es war Gruppe zwei. Dies war die einzige Gruppe, die beim Training IMMER getroffen hat. Und da das Gehirn nicht unterscheiden kann, ob real oder in Gedanken trainiert wurde, hat sich die Feinmotorik in dieser Gruppe am stärksten verbessert und die Torsicherheit damit auch.

Kehren wir zurück zum Anfang unserer Überlegungen: Ein Mensch, der unzufrieden mit seinem Leben ist, strahlt dies auf eine Weise aus, dass er seine Mitmenschen mit diesem Gefühl ansteckt und sie es ihm mit wenig entgegenkommenden Gesichtern widerspiegeln. In Trainer- und spirituellen Kreisen sagen wir: Das Gesetz der Resonanz hat gewirkt – niedrige innere Schwingungen erzeugen niedrig schwingende äußere Ereignisse. Oder: Meine schlechte Stimmung wird zu einer unbewussten Bestellung beim Universum, das mir die gleiche Qualität im Außen liefert.

Nach neuesten wissenschaftlichen Erkenntnissen könnten wir auch sagen: Der Unzufriedene löst in jedem Menschen, der ihm begegnet, eine Simulation desselben Gefühls aus und senkt damit die Laune des Gegenübers. Dazu kommt, dass unser Unterbewusstsein recht genau weiß, dass es bis eben noch gute Laune hatte und woher der »Schlechte-Laune-Virus« kommt. Es nimmt es dem Verursacher übel und reagiert deswegen noch zusätzlich wenig freundlich auf ihn.

FAZIT: Wenn ich im Außen freundliche Gesichter sehen möchte, kann ich mir diese beschaffen, indem ich übe, in meinem Inneren eine wohlwollende

Haltung überwiegen zu lassen. Wie dies zu erreichen ist – dafür wurde unter anderem dieses Buch geschrieben.

Wenn »Bestellungen beim Universum« nicht klappen, dann gibt es, wie meist im Leben, vielfältige mögliche Gründe dafür. Das folgende Kapitel geht auf eine ganze Reihe dieser Gründe ein. Und zu jedem dieser Themen gibt es zwecks Verbesserung der Ergebnisse eine oder mehrere Übungen.

Wann es besonders gut klappt

Bestellungen beim Universum klappen besonders gut, wenn ...

... ich ein Mensch bin, der sich selbst liebt und der überzeugt ist, »es« verdient zu haben.

... ich meine Aufmerksamkeit im Alltag überwiegend auf die positiven Dinge des Lebens richte und ein dankbarer Mensch bin.

... ich meine Wünsche und Ziele genau kenne und klar formulieren kann.

... ich Bestellungen ohne viel nachzudenken mit einem Gefühl von Leichtigkeit und in einer halb spielerischen, halb selbstverständlichen Erwartungshaltung abschicken kann.

... ich etwas quasi grundlos oder aus reiner Freude am Sein bestelle.

... es meine Grundüberzeugung ist, dass das Leben es gut mit mir meint.

... andere Menschen sich in meiner Gegenwart entspannt und unverkrampft fühlen und ganz sie selbst sein können.

... ich des Öfteren Momente habe, in denen ich mich mit der Natur und all ihren Lebewesen und Menschen ganz verbunden fühle.

... ich es anderen Menschen gönnen kann, dass sie Dinge schneller erreichen als ich oder mehr haben als ich.

... ich kreativ und spontan mit plötzlich auftauchenden Ideen umgehen kann (= den Ruf des Lieferboten hören).

... ich eine spürbare und lebendige Beziehung zum universellen Geist in mir habe.

... ich mir regelmäßig und täglich Auszeiten und Entspannungen gönne, auf die Signale meines Körpers, Geistes und der Seele achte, wenn sie Ruhe und Stille brauchen.

... ich positive soziale Beziehungen habe, was meine Energie erhöht.

... ich einen Beruf aufübe, der mir Freude macht. Auch das erhöht meine Energie ungemein.

... ich häufigen Gebrauch von meiner Feinwahrnehmung in allen Lebensbereichen mache und Freude daran habe.

… ich mich als Mitschöpfer meiner Realität wahrnehme und mich bei Missgeschicken stets frage, a) mit welcher inneren Haltung ich möglicherweise diese Situation miterzeugt habe und b) ob es etwas gibt, das ich einbringen oder in meinem Inneren verändern kann, um die Lage wieder zu verbessern.

… ich gerne lebe.

… die Entwicklung meiner Persönlichkeit und innere »Aufräumarbeiten« mir Freude machen und ich dies auch regelmäßig praktiziere.

… ich es mir erlaube, auch meine größten Wünsche und Visionen zuzulassen, und sie grundsätzlich für möglich halte.

… ich überzeugt bin, dass für jeden Menschen ein individuell glückliches und erfolgreiches Leben möglich ist, und ich mit ungetrübtem Optimismus am Ball bleibe, um dies in meinem eigenen Leben zu verwirklichen.

Wichtig zu verstehen ist, dass **beim Universum zu bestellen**, d. h. mit seinem Inneren das Äußere zu formen, **keine erst zu erlernende Fähigkeit des Menschen ist, sondern eine ihm angeborene Eigenschaft.** D. h. wir können es gar nicht vermeiden, mit unserer inneren Einstellung unsere äußeren Umstände zu beeinflussen. Und spätestens seit der

Entdeckung der Spiegelneuronen gibt es da auch nichts mehr zu diskutieren, es ist Fakt. Spiritualität und Wissenschaft sind sich allenfalls uneins darüber, wie weit diese Beeinflussung geht.

90 Prozent unseres Verhaltens wird nachgesagt, sie seien automatisch. Wir gehen automatisch, die meisten unserer Bewegungsabläufe sind automatisch, selbst das Schalten und Lenken beim Autofahren läuft nach wenigen Fahrstunden automatisch ab. Und vermutlich sind genauso viele unserer Gedanken automatisch. Angeblich denken wir an die 50.000 Gedanken pro Tag. Wie viele davon sind dir bewusst? Über wie viele davon hast du bewusst entschieden und wie viele tauchen automatisch immer wieder auf? Hast du jeden Tag völlig neue überraschende Gefühle, oder sind nicht auch die meisten Gefühlsabläufe automatisch und dein Grundlebensgefühl heute ähnlich wie gestern oder letzte Woche? All das hat Schaffenskraft. Es erschafft die äußere Umwelt.

Meine inneren Zustände und Automatismen sind somit mitverantwortlich dafür, wie sich mein Gegenüber mir gegenüber verhält. Egal, wie freundlich ich lächele, da sitzen verräterische Spiegelneuronen im anderen, die zu jeder Zeit die Wahrheit sagen. Überwiegend zumindest. Auch das ist den Forschern schon klar, dass meine Spiegelneuronen die Signale des anderen aufgrund meiner eigenen Erfahrungen und Gedankeneinfärbungen »übersetzen«. Die Gefühle und Handlungen des anderen werden daher zwar in mir simuliert, allerdings durch meine persönliche Gestimmtheit leicht verfälscht.

Das weiß im Grunde jeder: Wenn mein Selbstbewusstsein aus aktuellem Anlass gerade am Boden ist, reagiere ich generell überempfindlich und lege alles gegen mich aus, was gar nicht so gemeint war. Ebenso spüren wir, dass dem anderen eine Laus über die Leber gelaufen ist, wenn er oder sie überempfindlich reagiert. Wohingegen ein Verliebter von lauter netten Menschen umgeben ist, zum einen, weil er sein Umfeld mit seiner zauberhaften Beschwingtheit ansteckt, und zum anderen, weil er alles Negative herausfiltert und gar nicht wahrnimmt.

»Wie man in den Wald hineinruft, so schallt es heraus«, sagte schon meine Oma. Auch sie wusste, dass ich dafür verantwortlich bin, wie meine Mitmenschen auf mich reagieren. Die Worte machen dabei nur sieben Prozent der Wirkung aus. Eine Studie von Albert Merhabian ist die wohl meist zitierte dazu. 55 Prozent schreibt er der Körpersprache und 38 Prozent dem Tonfall zu.

Es gibt ein Jahrbuch vom Club Carriere. Darin werden jedes Jahr 500 erfolgreiche Persönlichkeiten aus allen Bereichen interviewt. Die Antworten werden in Statistiken zusammengefasst, die ebenfalls im Buch dargestellt sind. Ein hoher Prozentsatz der Befragten gibt an, dass es für ihren Erfolg wichtig ist, auf das Bauchgefühl zu achten. Sich Informationen über Trends, Moden, Entwicklungen, Chancen, Risiken etc. zu besorgen ist eine Sache. Aber in der Fülle der Informationen entscheidet bei vielen schlussendlich der Bauch.

Zu lesen ist auch, dass der Erfolg weniger von Bildung, Fachwissen, besonderen Fähigkeiten, dem sozialen Umfeld, aus dem man kommt, oder dem Startkapital abhängt, als manch einer meint. Aus dem Vorwort des Jahrbuches 2005:

»Erwarten Sie von Ihrem beruflichen Leben nicht mehr allzu viel? Sie werden staunend die Karrieren von Personen finden, die eigentlich zu spät begonnen haben, die eigentlich nicht genug Wissen hatten, die als dumme Schüler bekannt waren, die ohne Kapital, ohne Beziehungen und ohne Glück, also eigentlich kaum Erfolg versprechend begonnen haben, ihren Erfolg zu verwirklichen und es doch geschafft haben, heute als Säulen unserer Gesellschaft Wertvolles für die Allgemeinheit beizutragen.«

Wichtig sind häufig vor allem soziale und psychologische Faktoren im Umgang mit anderen. Ist eigentlich auch klar. Ob der Vermieter, der Kunde, der Lieferant, der Chef, die Angestellten, meine Freunde, Familie etc. positiv auf mich und meine Wünsche reagieren, hängt von sozialen Fähigkeiten und davon ab, wie es in meinem Inneren aussieht, was sich wiederum im anderen widerspiegelt.

Wenn ich die Art, wie andere auf mich reagieren, ändern möchte, dann bringen innere Aufräumarbeiten mehr als z. B. ein Rhetorik-Training. Ab dem Moment, wo ich Selbstliebe statt Selbstablehnung ausstrahle (über die 93 Prozent Tonfall, Körpersprache, Mimik), werden die Menschen beginnen, von Grund auf positiver auf mich zu reagieren.

Meine innere Einstellung beeinflusst die Art meiner Beziehungen zu anderen und damit, wie sie auf mich reagieren, was sie mir gerne anbieten und was nicht. Mein Inneres erschafft somit, wie potenzielle Vermieter, Chefs, Kollegen, Kunden, Liebespartner etc. auf mich reagieren. Stagnation oder Misserfolg liegen selten nur daran, dass ich einfach nicht die richtigen Leute treffe. Mein Inneres kann alle Menschen zu den richtigen oder den falschen für mich machen.

Das ist das auch von Skeptikern nicht wegzudiskutierende Minimum.[1] Das Maximum ist ein Zustand, in dem ich innerlich eins mit dem Universum bin, in dem innen und außen in einer Art Tanz mit meinem universellen Selbst, das durch mich hindurchwirkt, verschmelzen. »Wer die Meisterschaft

---

1) Das Buch *Die Mohr-Methode* befasst sich im Detail mit diesen Kräften und Mechanismen des Unterbewusstseins, die ich hier nur ganz kurz angerissen habe. Alte Hasen im Umgang mit geistigen Kräften brauchen das natürlich nicht.

im Erreichen von Erwartungslosigkeit, einem beliebig ruhenden und akzeptierenden Ego und Versunkenheit in das Leben an sich erreicht hat, der kann kein äußeres Ziel mehr verfehlen«, schreibt Eugen Herrigel in *Zen in der Kunst des Bogenschießens*. Und wenn mein universelles Selbst sich ganz in meinem irdischen Körper entfaltet, dann hat meine Schöpferkraft ihr Maximum erreicht.

Hier scheiden sich allerdings die Geister, weil es so ein universelles Selbst in Skeptikerkreisen einfach nicht gibt und fertig. Du musst für dich entscheiden, was du für wahr halten oder zumindest ausprobieren möchtest. Vielleicht kennst du Zustände, in denen du Raum und Zeit vergisst und ganz in dem aufgehst, was du gerade tust. Und vielleicht kennst du das auch, wenn dir in einem solchen Zustand Ideen und Eingebungen kommen, die du dir selbst nicht zugetraut hättest. Oder wenn du auf einmal Dinge auf eine Weise regeln kannst, dass überraschend alles zueinander passt, besser als du es je vermutest hättest. Wenn auf einmal erstaunliche Zufälle den Verlauf der Dinge zu optimieren beginnen. Wenn das Universum fleißig das Gewünschte liefert und du dich selbst ganz im Fluss mit der Energie des Lebens fühlst.

Eugen Herrigel schreibt in dem oben erwähnten Büchlein (ein Klassiker aus den fünfziger Jahren): »Wenn der Bogenschütze nach jahrelanger Bemühung um Vollkommenheit schließlich alle bewußte

Bemühung vergißt, so daß sich der vollkommene Schuß absichtslos lösen kann, 'wie der Schnee, der von einem Bambusblatt abrutscht', dann hat er das Geheimnis der ‚kunstlosen Kunst' des Bogenschießens, des Zen, ja der Kunst des Lebens entdeckt.«

Eugen Herrigel war Professor für Philosophie in Heidelberg und Japan, und er erlernte über viele Jahre hinweg die Kunst des Bogenschießens bei einem Zen-Meister. Dieser war sogar im Dunkeln in der Lage, mit seinem Bogen einen Pfeil genau ins Schwarze treffen zu lassen und mit einem zweiten Pfeil den ersten noch zu spalten. Der Meister erklärte dem staunenden Schüler immer wieder, dass die Kunst darin bestehe, nicht selbst zu schießen, sondern »es« durch den eigenen Körper geschehen zu lassen.

In unserer Gegend wohnt ebenfalls ein solcher Schütze. Er hat mir berichtet, dass er oft der Einfachheit halber die Augen beim Schießen schließe. Dann treffe »es« am besten.

Und genau darin liegt auch die perfekteste Form des Bestellens. Grundsätzlich ist es wie gesagt eine angeborene Eigenschaft des Menschen, die dafür sorgt, dass die innere Geisteshaltung sich im Außen wie in einem Spiegel manifestiert, sodass all unsere Gedanken, ob bewusst oder unbewusst, zu Bestellungen werden. Dem Profibesteller ist dies bewusst, allerdings weiß er auch, dass er die meisten Erfolge erzielt, wenn er wie der Zen-Bogenschütze jenes

»Es« durch sich wirken lässt, und damit kann er noch weit mehr erreichen, als nur die Stimmungen und Reaktionen seiner Mitmenschen zu beeinflussen.

Dass es heute keine Kunst mehr für einzelne Genies, sondern ein erreichbares Ziel für jeden ist, vielleicht nicht rund um die Uhr, aber immer öfter in diesen Zustand zu kommen, zeigt auch der neuseeländische spirituelle Lehrer Clif Sanderson. Eigentlich ist er Heiler von Beruf, aber damit, so genannt zu werden, ist er nur einverstanden, wenn wir einverstanden sind mit der Aussage, dass jeder Mensch ein Heiler ist. »Wer lebt, ist automatisch ein Heiler«, sagt Clif. Alles, was man zur Ausübung dieses Berufes braucht, ist ihm zufolge die Absicht, anderen zu helfen, und das Anerkennen der Tatsache, dass man nicht selbst heilt, sondern »es« durch einen hindurch wirkt.

Da sind wir wieder beim Thema. Clif nennt seine Heilmethode »Tiefe Feldentspannung«. Alles, was er tut, ist, eine Absicht zu formulieren. Beispielsweise die, dass er gerne dem Klienten dienlich sein und ihn mit Gesundheit »anstecken« möchte. Sodann entspannt Clif sich in Gedanken in das »Feld der Einheit« (das Universum, Gott etc.) hinein und bleibt mit seiner Aufmerksamkeit ganz bei sich und bei der Absicht, möglichst tief mit diesem Feld verbunden zu sein.

Krankheit und schlechte Laune können anstecken. Doch Verbundenheit mit der Energie des Universums steckt ebenfalls an! Wenn ein ganz mit dem universellen Geist verbundener Mensch bei mir sitzt und mich berührt in der Absicht, mich damit ebenfalls anzustecken, dann kann dies meine Selbstheilungskräfte so aktivieren, dass Krankheit sich auflöst.

Clif hat dies schon vielfach und weltweit unter Beweis gestellt. Er war unter anderem fünf Jahre lang in Kinderkrankenhäusern in Tschernobyl tätig. Dort behandelte er die Kinder mit seiner Tiefen Feldentspannung. Das russische Gesundheitsministerium zeichnete ihn dafür mit dem Gulperin Preis für Leistungen im Dienste der medizinischen Wissenschaft aus.

Als Clif im ersten Kinderkrankenhaus ankam, starben dort 12 bis 15 Kinder pro Woche an den Folgen des Reaktorunfalls in Tschernobyl. Nach nur wenigen Behandlungen von seiner Seite ging die Zahl der Todesfälle bei den Kindern auf drei pro Woche zurück! Zudem hat er selbst nie den allerkleinsten Schaden oder auch nur die geringste Verstrahlung davongetragen, obwohl er ganze fünf Jahre lang in der Region lebte und das verseuchte Essen dort zu sich nahm.[2]

---

2) Mehr über Clif ist auf der Seite www.deepfieldrelaxation.com zu finden. Clif ist leider 2013 verstorben.

Trotz dieser Erfolge ist auch diese Heilungsmethode nichts weiter als ein Resonanzphänomen. Das kraftvolle Potenzial des universellen Geistes und Feldes der Einheit auf einen angespannten, ängstlichen, ärgerlichen oder stark fordernden skeptischen Klienten zu übertragen ist kaum möglich. Wir kommen daher nicht aus unserer Eigenverantwortung heraus, auch dann nicht, wenn wir zum besten Heiler der Welt gehen. Unsere innere Einstellung entscheidet auch darüber, ob wir die Geschenke des Lebens und des universellen Geistes überhaupt annehmen können.

Grundsätzlich vermag jeder diesen Ort der Stille in sich aufzusuchen, sich mit dem universellen Geist zu verbinden und dessen Heilkraft auch auf andere zu übertragen. Insbesondere Mütter können das leicht ausprobieren: Wenn dein Kind krank ist oder schlecht schläft, kannst du im Kinderzimmer Qigong-Übungen machen oder meditieren und diesen kraftvollen Ort der inneren Stille aufsuchen, indem du nichts weiter tust, als deinen Atem beim Fließen zu beobachten und dich auf die Liebe in deinem Herzen zu konzentrieren. Oder denk dir eine eigene Meditation aus. Je tiefer du dich dabei entspannen kannst, desto ruhiger wird das Kind in dieser Nacht schlafen.

Wann es besonders schlecht klappt

Wenn Bestellungen beim Universum nicht klappen, kann es an folgenden Themen liegen:

- Unbewusste Verhaltensmuster und alte Prägungen verhindern, dass sich meine Wünsche erfüllen können.
- Ich habe das Gefühl, das Bestellte unbedingt zu brauchen, und halte angstvoll an dieser Vorstellung fest. Dann verhindert die Angst jeden Energiefluss und damit die Möglichkeit zur Verwirklichung. Dies passiert auch, wenn überzogenes Sicherheitsdenken oder Geltungsbedürfnis im Spiel sind, bei Vermeidungsstrategien oder wenn man die eigenen Gefühle nicht wahrnehmen will.
- Ich finde den richtigen Ton oder den richtigen Moment nicht, um beim Universum zu bestellen.

- Ich richte meine Aufmerksamkeit zu oft auf Dinge, die ich vermeiden will, statt auf das, was ich erreichen will. Da Energie der Aufmerksamkeit folgt, ziehe ich damit genau das an, was ich nicht haben möchte.
- Meine inneren Filter filtern mir nur die Probleme im Leben heraus und sorgen dafür, dass ich die besten Gelegenheiten übersehe.
- Ich liebe mich selbst nicht. Klingt für manche unbedeutend, ist aber einer der wichtigsten Gründe dafür, warum Bestellungen nicht ausgeliefert werden.
- Andere Menschen empfinden meine Art als anstrengend und brauchen eine Pause, nachdem sie mit mir etwas unternommen haben (siehe Selbstliebe-Übung weiter hinten im Buch).
- Meine Gedanken sind zu wenig lichtvoll.
- Mir fehlt es an Vertrauen.
- Mir mangelt es an Kreativität und Spontaneität.
- Angst, Druck und Stress killen meine Intuition.
- Ich habe die Energiebahnen in meinem Körper so lange nicht benutzt, dass sie verkümmert sind.
- Ich visualisiere unbewusst eine ungünstige Zukunft.

- Ich kenne das Wort »Feinwahrnehmung« nur vom Hörensagen und habe keinen blassen Schimmer, wie sich das anfühlt.
- Mein Ego und mein Verstand plappern zu viel. Ich weiß nicht, wie ich sie zur Ruhe bringen soll, und kenne eigentlich meine eigenen Herzenswünsche gar nicht.
- Ich möchte keinerlei Verantwortung für mein Leben und für das, was mir bisher widerfahren ist, übernehmen.
- Ich habe keine Übung darin, regelmäßig über mich zu reflektieren, und kann das Außen nicht als Spiegel meines Inneren betrachten.
- Ich bin zu sehr auf Äußerlichkeiten und äußere Aktionen fixiert und richte meinen Blick zu wenig nach innen.
- Ich bin aus Versehen in einen Zustand geschlittert, in dem ich mein Unglücklichkeit fast ein bisschen kultiviere und pflege.
- Ich setze meine Wünsche und Ziele im Leben zu niedrig an.
- Meine Verbindung zum universellen Geist ist zu schwach.

Übungen zu den einzelnen Themen

Unbewusste Muster und alte Prägungen

Wir haben gelernt, nicht an unsere Schöpferkraft zu glauben und die Vorstellung sogar als naiv und absurd einzustufen. Kein Wunder, wenn das Umschalten mitunter nicht ganz so leichtfällt.

Wir möchten unserem Unterbewusstsein also etwas Neues beibringen. Wie machen wir das? Zum einen wissen wir, dass wir vor dem Einschlafen und kurz nach dem Aufwachen besonders empfänglich für Neuprogrammierungen sind. Im entspannten Zustand und um den Schlafzustand herum befinden wir uns im gleichen Gehirnwellenbereich wie in der Kindheit, und dass Kinder besonders aufnahmefähig sind und schnell lernen, ist bekannt. Trotzdem brauchen wir uns nicht einreden zu lassen, was Hänschen nicht gelernt habe, würde Hans nimmermehr lernen. Wenn Hans nur richtig motiviert ist und das Lernen mit Entspannungsübungen und der gleich folgenden Übung kombiniert, dann kann er immer noch ganz wunderbar lernen, was immer er möchte. Und Hansine genauso.

Die Suggestopädie ist eine neue Lehrmethode. Suggestopäden berichten, dass nur sieben Prozent der Menschen fähig sind, allein durch Zuhören etwas zu lernen. Wenn visuelle Eindrücke hinzukommen, sollen es um die 30 Prozent sein, die auf diese Weise lernen. Das macht immer noch mehr als 50 Prozent der Menschen, die sich durch solche Lehrmethoden gar nichts merken können. Hinzu kommt, dass kein Mensch unter Leistungsdruck und Stress oder mit Ängsten im Rücken lernen kann. Dies erwähnt übrigens auch Joachim Bauer in seinem Spiegelneuronen-Buch. Er beschreibt, dass der Spiegelungseffekt der Spiegelneuronen unter Stress, Druck und Angst gänzlich aussetzt und die Lernfähigkeit blockiert ist. Am genauesten formuliert es Prof. Spitzer in seinen diversen Publikationen.

Im Klartext formuliert heißt dies nichts anderes, als dass deutsche Schulen effektive Lernverhinderungsanstalten sind. Besonders insofern, als die Pisa-Studie hierzulande so umgesetzt wird, dass noch mehr Druck verbreitet und das Lernen so noch mehr verhindert wird.

Dabei bräuchten wir gar nicht weit über den Zaun zu schauen, um uns abzugucken, wie es besser geht. Ganz Skandinavien macht uns dies vor. »Auf den Start kommt es an«, lautet dort die Devise, und die Vorschule wird von einem Team aus ausgebildeten Pädagogen, Psychologen und Therapeuten geleitet, wobei auf 10 bis 15 Kinder drei hochqualifizierte Betreuer kommen – hierzulande unvorstellbar. Diese Betreuer ermutigen das Kind durch Übungen, Spiele und Bildtafeln, sich selbst und seine eigenen Gefühle besser kennen und einschätzen zu lernen.

Schließlich soll es im späteren Leben die richtige Berufswahl treffen. Das kann es nur, wenn es sich selbst authentisch wahrnimmt und weiß, was ihm Spaß macht.

Die Kinder sollen mit Freude sich selbst und ihre Fähigkeiten entdecken. Daher gibt es in den skandinavischen Gesamtschulen bis zur achten Klasse keine Noten! Jedes Kind wird außerdem ermutigt, sich besonders den Fächern zuzuwenden, die es interessieren. Keiner muss also genauso viel Mathe pauken wie das Mathegenie der Klasse, wenn er viel lieber Englisch lernt. Jeder darf seine individuellen Stärken und Interessen weiter ausbauen.

Das kommt dem einen oder anderen bekannt vor. Klingt stark nach Montessori. »Aber da lernt doch keiner was, wenn er nicht muss«, sind deutsche Standardbefürchtungen dazu. »Schafft da je einer das Abi?« lautet die nächste skeptische Frage von deutschen Eltern.

Anschnallen und festhalten, kann ich nur sagen. In Finnland beginnen trotz oder vielmehr wegen des Schulsystems 72 Prozent aller Schüler ein Universitätsstudium. Das heißt, 72 Prozent lernen nach der Gesamtschule aus eigener Motivation heraus weiter. Und das dann mit nur noch ganz wenigen Lehrern. Denn wenn man bis dahin nicht gelernt hat zu lernen, ist es sowieso zu spät, sagen sich die Skandinavier und sparen die Lehrkräfte, die sie in die Vorschule investieren, bei den oberen

Klassen wieder ein. Und der Erfolg gibt ihnen recht.[3]

Au weia, da kann Deutschland mit seinen Lernverhinderungsanstalten bei Weitem nicht mithalten. In Deutschland beginnen über 50 Prozent zu studieren, und dabei ist dann auch noch die Abbrecherquote besonders hoch. An unseren Schulen werden Menschen herangezüchtet, die sich selbst und ihre Neigungen nicht kennen und sich selbst nicht lieben.

Zurück zu unserem Unterbewusstsein, dem wir nun ebenfalls etwas Neues beibringen wollen. Wir wissen bereits, dass wir mit Freude und Spaß am besten lernen. Die Suggestopädie haben wir weiter oben jedoch noch nicht ganz bis zu Ende verfolgt. Nur durch akustischen oder optischen Input lernen die wenigsten. Wodurch lernen wir denn dann? Durch eigene, mit dem Lehrinhalt verbundene Handlungen, Bewegungen und Gefühle.

Es gibt Wochenendkurse, in denen die Methoden der Suggestopädie gelehrt werden. Die Teilnehmer bekommen beispielsweise ein Gedicht vorgesetzt

---

3) Über das skandinavische Schulsystem gibt es eine wunderbare Video-Dokumentation von Reinhard Kahl mit dem Titel: *Spitze – Schulen am Wendekreis der Pädagogik*. Erhältlich über www.reinhardkahl.de und www.archiv-der-zukunft.de

oder – noch schlimmer – eine Liste mit 20 Fachbegriffen aus dem Versicherungswesen. Jeder soll schätzen, wie lange er braucht, um beides auswendig zu lernen. Meist mit entsetztem Stöhnen verbunden, betragen die Schätzungen zwischen einer und mehreren Stunden. Tatsächlich aber haben dann alle mit viel Spaß und Lachen beides in je zehn Minuten perfekt auswendig gelernt. Wie das?

Der Suggestopäde macht sowohl aus dem Gedicht als auch aus der Fachbegriffsliste kleine Theaterstücke und lässt die ganze Gruppe die Stücke tanzen, singen und aufführen. Das dauert mit ein bisschen Kreativität zehn Minuten, und die 20 Fachbegriffe sitzen für die nächsten Monate oder gar Jahre ohne weitere Anstrengung.

So etwas Ähnliches tun wir jetzt auch.

ÜBUNG

Welche neuen Glaubenssätze oder Muster möchtest du in deinem Unterbewusstsein verankern? Mach dir Notizen und finde einen kleinen lustigen Reim oder einen Satz dazu, den du dir leicht merken kannst. Zur Anregung hier ein paar Beispiele von Teilnehmern meiner Seminare:

- »Ansteckend gesund, so lautet der Befund.«
- »Selbst noch die Zähne sind erneuert, alles Kranke wird gefeuert.«

- »Ein guter Freund sein und gute Freunde haben, das sind die größten Gaben.«
- »Immer im Gleichgewicht, mit einem Lächeln im Gesicht.«
- Ein Kind dichtete: »Leicht wie eine Feder lernt doch jeder.«
- Weil ich mir selbst ein liebevoller Partner bin, zieht es auch dauerhaft einen solchen zu mir hin.«
- Es regnet in meine Welt seeeeehr viel Geld.«

Nun zum Sketch: Optimal dafür ist ein Ganzkörperspiegel oder sonst der größte im Haushalt verfügbare Spiegel. Oder du machst es gemeinsam mit Freunden. Im Seminar basteln wir uns diese Sketche in Fünfergruppen zusammen. Dann sieht jeder vier andere Seminarteilnehmer sein »Stück« vorführen, da immer die ganze Gruppe gemeinsam die Sketche von jedem einzelnen umsetzt. Damit sind die anderen der Spiegel für uns.

Du stellst dich also vor einen Spiegel und überlegst dir eine Bewegung oder einen kleinen Sketch, mit dem du deinen Satz ausdrücken kannst. Etwas, das du dir gut merken kannst und das den Inhalt der Botschaft gut darstellt. Dann tanzt, singst, hüpfst und springst du vor dem Spiegel dein neues Muster und prägst es dir so bestmöglich ein. Du hast damit

Hören, Sehen, Bewegung, Handlung und spielerische Entspannung (Tanzen, Singen) in dein Lernthema integriert. Versuch mal, das wieder zu vergessen. Klappt nicht! Gut, oder?

Die Frage ist lediglich, was du dir am nächsten Morgen und dem Morgen der nächsten Woche vor demselben Spiegel vortanzt. Hoffentlich nicht den Augen-auf-Halbmast-ich-fühl-mich-als-hätte-mich-einer-mit-dem-Hammer-geweckt-ist-schon-wieder-einneuer-Tag-da-wie-furchtbar-Tanz!?

Du wirst die Botschaft eines liebevoll und kreativ gestalteten Sketches selbst nach einmaliger Aufführung nie wieder vergessen, denn so ein Sketch entspricht unserer natürlichen Art zu lernen. Aber bis das Unterbewusstsein die Inhalte des Sketches als Standardeinstellung übernimmt, wird es meistens ein Weilchen dauern. Je stärker du mit all deinen Sinne und deinem Gefühl bei der Übung bist, desto schneller geht's.

Aber wenn du morgens aufwachst und das erste Gefühl, das automatisch auftaucht, das aus dem Sketch ist, dann weißt du, es ist zur Standardeinstellung geworden. Bis dahin kannst du deinen Sketch jeden Morgen und jeden Abend vor dem Spiegel aufführen. Selbst wenn es nur 30 Sekunden dauert, dir deine gedichtete Zeile beispielsweise dreimal vorzusingen und zu tanzen: Sei einfach ganz dabei, dann wird die Botschaft immer selbstverständlicher für dein Unterbewusstsein.

☆☆☆

Energie folgt der Aufmerksamkeit

Worauf richtest du im Laufe des Tages überwiegend deine Aufmerksamkeit? Auf Mangel und unerfreuliche Dinge oder deutlich mehr auf die vielen kleinen Geschenke des Lebens und die erfreulichen Aspekte? Bist du dir dessen bewusst, dass früher noch nicht einmal Könige und Kaiser fließendes Wasser, eine Zentralheizung und elektrisches Licht hatten? Geschweige denn Fernseher, Waschmaschinen und Autos. Du lebst besser als der letzte Kaiser von China. Bist du dankbar dafür? Oder bist du sauer, weil dein Bad nicht schön genug gekachelt ist?

Clemens Maria Mohr (der schon einmal erwähnte Trainer- und Autorenkollege) beschreibt die Kraft der Aufmerksamkeit in einem wunderbaren Beispiel: Stell dir eine 100 Meter breite Ski-Piste vor, flach abfallend, perfekter Neuschnee, schön platt gewalzt. Oben steht ein Ski-Anfänger und in der Mitte der Piste ein einziger Baum. Ängstlich starrt der Anfänger den Baum an. Wird er es schaffen, drumherum zu fahren? Trotz 50 Metern Platz auf beiden Seiten und obwohl er noch keinerlei Ahnung davon hat, wie man Kurven richtig fährt, steuert ein geheimer Mechanismus die Feinmotorik unseres blutigen Anfängers, und er schafft es: Er rammt den Baum! Das ist das Gesetz der Aufmerksamkeit.

Es ist dringend erforderlich, seine Aufmerksamkeit im Leben überwiegend auf die Dinge zu richten, die man erreichen möchte, statt auf die, die man nicht erreichen möchte. Auch diese Regel gilt natürlich innerhalb lebensförderlicher und realistischer Grenzen. Wenn die Piste nur drei Meter breit ist mit steilen Abhängen auf beiden Seiten, dann kann es von Nutzen sein, sowohl dem Baum als auch dem Weg drumherum eine gewisse Aufmerksamkeit zu zollen. Sonst brettert man vielleicht messerscharf dran vorbei, knallt sich aber einen dicken Zweig ins Gesicht, weil man nur ja nicht hinschauen wollte. Das hat dann nichts mehr mit spirituellen Weisheitslehren zu tun, sondern eher mit einfältiger Verdrängung.

Ich weiß, dir fällt schon wieder eine **Frage** ein: Der Unterschied zwischen den beiden Beispielen war jetzt sehr deutlich und sehr einfach. Was ist, wenn es weniger deutlich ist, wenn beispielsweise die Piste zehn Meter breit und der Baum eine fünf Meter breite Tanne ist? Oder anders gefragt: Wo ist die Grenze zwischen sinnvoller Aufmerksamkeitslenkung auf das Positive und einfältiger Verdrängung?

Einfache **Antwort**: Man befrage den hierzu von der Schöpfung persönlich im Menschen installierten gesunden Menschenverstand, gemischt mit dem persönlichen Wohlfühlgefühl. Überlege, was sinnvoll erscheint, stell dir bei Zweifeln verschiedene Handlungsversionen vor deinem inneren Auge vor und achte darauf, was sich besser anfühlt. Auch der Verstand ist göttlich (siehe das Kapitel: Übung zur Aktivierung der universellen Intelligenz in uns) und somit nicht zu verwerfen. »Hilf dir selbst, dann hilft dir Gott«, heißt es im Volksmund. »Nutze deine göttlich-universellen Gaben, und dir werden weitere dazugegeben«, lässt sich in manchen religiösen und vielen spirituellen Lehren vernehmen.

»Göttliche Gaben« sind alle Fähigkeiten, die du hast. Putze das Gemüse, schneide es klein und hau die Soße drauf in dem Bewusstsein, eine niedere Tätigkeit zu verrichten: »Seltsamerweise« wird es ganz anders schmecken, als wenn ein Mensch voller Wertschätzung und Freude fürs Essen und Kochen das gleiche Gemüse zerkleinert und die gleiche Soße beifügt. In manchen Klöstern dürfen nur die reinsten und weisesten Mönche das Essen für alle zubereiten, denn nur sie sind in der Lage, universelle Kraft und liebevolle Energie mithineinzukochen.

Kurz gesagt: Wo die Grenze ist beim bewussten Lenken der Aufmerksamkeit auf Wünschenswertes, sagen dir dein Verstand und dein Gefühl der universellen Inspiration gemeinsam. Und je mehr du beides mit Wertschätzung einsetzen kannst, desto besser schmeckt das Essen – d. h. desto mehr universelle Energie fließt automatisch in all deine Handlungen hinein.

☆☆☆

Innere Filter und alte Gefühle neu einstellen

Dieses Thema hängt eng mit dem Thema »Aufmerksamkeit lenken« zusammen. Das, worauf du öfter im Leben deine Aufmerksamkeit richtest, wird schnell zu einem automatischen Filter im Unterbewusstsein.

Sieh dich einmal in der Umgebung um, in der du dich befindest, und zähle, wie viele gelbe Dinge es etwa gibt. Dann schließe die Augen und ... Oh, mir fällt gerade auf, die Übung funktioniert schriftlich so nicht. Okay, bau dir Scheuklappen oder guck durch eine zusammengerollte Zeitschrift auf diese Zeilen, sodass du den Raum um dich herum nicht mehr siehst.

Weißt du noch, was alles gelb war? Na toll. Wohl beim Gedächtnistraining gewesen?

Zeitungsrolle vor den Augen lassen.

Wie sieht es mit den roten Dingen aus? An wie viele rote Dinge kannst du dich erinnern, ohne zu schummeln? Geh sie im Geiste durch, und sieh dann nach, was tatsächlich noch alles rot ist.

Wahrscheinlich stellst du fest, dass du nicht viel Rotes wahrgenommen hast, weil dein innerer Filter auf gelb eingestellt war. Das ist im Leben auch so. Stell den inneren Filter auf: »Das Leben ist ein riesengroßes Geschenkpaket«, und an jeder Ecke stehen Geschenke bereit, die nur auf dich warten. Stell den Filter auf: »Schon meinen Eltern wurde nichts geschenkt, sie mussten sich alles hart erkämpfen«, und du kannst nahtlos so weitermachen mit kämpfen, kämpfen, kämpfen.

Da diese Filtereinstellungen sich aus dem bilden, worauf du wiederholt deine Aufmerksamkeit richtest, gelten dieselben Übungen sowohl für das Thema »Aufmerksamkeit auf Positives« lenken als auch für das Thema »wünschenswerte Filter einstellen.«

ÜBUNG A

Wenn es um Problemlösungen geht (z. B. Baum auf breiter Piste umfahren), durchdenke deine Vorgehensweise, wäge Risiken ab und lenke dann deine Aufmerksamkeit auf das Wunschergebnis. Du kannst es auch notieren oder in Form eines Sketches umsetzen.

ÜBUNG B

Wenn du deinen inneren Filter neu justieren möchtest, übe dich in Dankbarkeit und Wertschätzung für die kleinen Dinge des Lebens. Fühle dich wie der neue Kaiser von China. Dir geht es noch besser als dem alten. Freue dich daran und an deinen Möglichkeiten. Lasse eine neue Gewohnheit und ein neues Muster daraus werden, überall Schönheit wahrzunehmen. Du kannst dir auch jeden Abend eine Liste der »kleinen Schönheiten und Freuden« machen oder sie in ein besonderes Tagebuch schreiben.

ÜBUNG C

Erwarte stets das Beste vom Leben. Wenn es nicht eintrifft oder lange dauert, warst du wenigstens die ganze Zeit gut gelaunt. Außerdem brauchst du dir dann keine Vorwürfe zu machen, das weniger Gute herbeibefürchtet zu haben. Es ist ein tolles Gefühl zu wissen, man hat das Beste versucht. Wohingegen es ein tief nagender Frust ist zu denken, dass die Dinge vielleicht so ungünstig gelaufen sind, weil man selbst es verpasst hat, dem Leben eine wirkliche Chance zu geben.

Auch Erwartungshaltungen haben eine ungeheure Kraft. Aber davon steht genug in meinen anderen Büchern. (Wenn du sie nicht gelesen hast, schau im Internet nach unter Versuchsleitereffekt, Rosenthal-Effekt und Placeboforschung, dort findest du einiges.)

ÜBUNG D

Blättere bunte Illustrierte oder Briefe, Tagebücher oder alte Fotoalben von dir durch und beobachte deine Gefühle dabei. Übergehe dabei negative Gefühle nicht, sondern nimm sie bewusst wahr. »Aha, solche Gefühle gibt es also auch in mir.« Egal, wie negativ dir das Gefühl zu sein scheint (Angst, Neid, Abscheu, Minderwertigkeit, Verlegenheit, Ärger), schau es dir ganz genau an, nimm es in Gedanken in den Arm und liebe es.

Du wärst kein Mensch, wenn solche Gefühle nicht auch zu dir gehören würden. Wenn du negativen Gefühlen erlaubst zu sein, wie sie sind, und wenn du sie liebevoll umarmen kannst, verlieren sie a) ihre Macht über dich. b) Hören sie auf, deine unbewussten Filtereinstellungen negativ zu beeinflussen, und c) lösen sie sich mitunter sogar ganz auf. Einfach dadurch, dass sie gefühlt und umarmt wurden.

Man muss keine große Show aus dieser Übung machen, man kann es sich sogar zur Gewohnheit machen, alle aufkommenden negativen Gefühle auch im Alltag so zu behandeln. »Nun sieh mal an, wenn das nicht ein hübsches kleines Gefühl von Neid und Gehässigkeit ist ...« Fühlen, fühlen, fühlen, in vollen Zügen »genießen« und dann innerlich in Liebe umarmen.

»Sei mir auch du willkommen. An dir kann ich sicher erkennen, wie lebendig ich bin.«

Unangenehme Gefühle wachsen durch Verdrängung und schrumpfen durch liebevolle Umarmung und Betrachtung im Licht des eigenen Bewusstseins. Man kann diese Übung oder ähnliche auch »in groß«

machen – auf Seminaren (z. B. von Safi Nidiaye, Chuck Spezzano oder Waliha Cometti) oder zusammen mit einem Therapeuten – und dabei seine wesentlichen Lebensthemen bearbeiten. Aber Kleinvieh macht auch Mist, und steter Tropfen höhlt den Stein. Viele kleine Mini-Umarmungen von vielen kleinen Mini-Gefühlen ergeben am Schluss auch ein großes Ganzes. Und du hast Zeit. Viel Zeit. Wenn dich die Erleuchtung nicht in diesem Leben ereilt, dann reicht es im nächsten auch noch – also wozu hetzen?

Deine Liefererergebnisse fangen erfahrungsgemäß bereits in dem Moment an, besser zu werden, in dem du dich auf den Weg der inneren Befreiung und auf den Weg zu dir selbst machst. Bestellungen beim Universum sind also kein Grund, dich für die Erleuchtung unter Leistungsdruck zu setzen. Dafür reicht es völlig aus loszugehen. Das Einzige, was nicht reicht, ist, bloß darüber lesen und dann nichts machen.

☆☆☆

Was wir beobachten, stärken wir

Dies ist ein weiterer Aspekt zum Thema Aufmerksamkeit. Das, worauf wir unsere Aufmerksamkeit richten, ziehen wir nicht nur magnetisch an, wir stärken und vermehren es auch.

Lass uns einen kleinen Test machen. Bist du jetzt in diesem Moment knapp dran mit der Zeit oder irgendwie im Stress? Vermutlich nicht, sonst würdest du nicht dieses Buch lesen. Schau und spür in dich hinein und erinnere dich an eine Situation, in der du sehr unter Zeitdruck und Stress warst. An welcher Stelle im Körper kannst du dieses Stressgefühl am stärksten wahrnehmen? Beschreibe es möglichst präzise.

Nun lass mich raten: Hast du nicht irgendetwas Wichtiges vergessen, das du eigentlich noch erledigen wolltest, bevor du dich zum Lesen gemütlich hinsetzen wolltest? Solltest du nicht kurz aufspringen und es erledigen? Oder fühlst du dich zumindest ein wenig angespannter und weniger entspannt als zuvor?

Indem du ein Gefühl in dir beobachtest, bekommt es Energie von dir und wächst. Es gibt daher keine objektive Beobachtung. Die Beobachtung erschafft bereits. Denn wenn du etwas anderes beobachten würdest, würdest du stattdessen das stärken.

Genau das tun wir jetzt in einem zweiten Test. Schau wieder in dich hinein und erinnere dich an einen Moment der totalen genussvollen Entspannung in deinem Leben. Es gibt immer auch eine Erinnerung oder Idee davon, wie totale Ruhe, Entspannung, innerer Frieden und Gelassenheit sich anfühlen. Kannst du so eine Erinnerung oder Idee in dir finden? Wie fühlst es sich diesmal an? Wo im Körper nimmst du dieses Gefühl am stärksten wahr? Beschreibe es möglichst genau in allen Facetten.

Nun kannst du deine eigenen Schlussfolgerungen ziehen. Hat das Beobachten von Stressgefühlen die Stressgefühle verstärkt? Und hat das Beobachten davon, wie Ruhe und Gelassenheit sich in deinem Körper ausdrücken, diese verstärkt? Spürst du, wie Beobachtung bereits ein Akt der Schöpfung ist, der die Realität verändern kann?

ÜBUNG

Jemand in deinem Umfeld ist schlecht drauf und du spürst, wie dessen Missmutigkeit beginnt, sich auf dich auszudehnen. Schlag sie k.o., indem du dich bewusst darauf konzentrierst, wie es sich anfühlt, wenn du ganz in deiner Mitte ruhst und entspannt und gelassen bist. Das Gefühl deines Liebe suchenden und sie gerade nicht findenden Mitmenschen ist vermutlich unbewusst entstanden. Deines hast du bewusst erschaffen. Es hat mehr Kraft. Es dehnt sich aus. Das merkst du daran, dass dein Gegenüber innerhalb von wenigen Minuten ruhiger wird, tief durchatmet und leiser weitergrummelt.

Probier das mal in deiner Partnerschaft aus. Du kannst jede Streitdauer auf ein Minimum reduzieren, wenn du gefühlsmäßig nicht miteinsteigst, sondern dich bewusst darauf konzentrierst, in deiner Mitte zu bleiben, dich selbst zu lieben und Ruhe und Gelassenheit zu kultivieren. »Du suchst nur nach Liebe und findest sie grad nicht, dein Problem, mir geht es gut«, kannst du dir noch innerlich sagen. Indem du dieses Gefühl in dir selbst beobachtest, wächst es über dich hinaus und infiziert deinen Partner im positiven Sinne. Ihm oder ihr vergeht regelrecht die Lust, weiterzustreiten.

Bärbels Online-mit-dem-Universum-Quicky

Klein aber fein und vielleicht eine der besten Übungen von allen!
Atme ein und stell dir vor, du könntest beim Einatmen online mit dem Universum gehen. Das Universum ist immer da (so wie das Internet, nur besser, es braucht keinen Strom und keinen Computer), du brauchst dich nur einzuklinken in seine Kraft.
Öffne dein Herz und schau auf alles um dich herum mit offenem Herzen und einer guten Verbindung nach oben.

- Wenn dich gerade etwas ärgert, tue etwas Absurdes und danke dafür, dass du es gerade tun oder erleben darfst, und beobachte, ob sich dadurch etwas in dir verändert.
- Wenn dir gerade etwas besonders gut gefällt, schick in Gedanken eine Mail ans Universum und teile das Schöne mit ihm so wie mit deinem besten Freund!

Fertig.
Dauer 10 Sekunden. Kann beliebig oft wiederholt werden und stärkt den Draht nach oben jedes Mal ein kleines bisschen mehr.

Transformationstagebuch

Ein »Transformationstagebuch« zu schreiben ist eine weitere Möglichkeit, innere Muster, Prägungen, die Aufmerksamkeitslenkung sowie innere Filter neu einzustellen. Aus meiner Sicht bringt sie mehr Veränderung in drei Monaten, als sonst in fünf Jahren üblich ist. Sie ist meine absolute Lieblingsübung zum Ändern alter Muster. Das muss aber nicht heißen, dass es auch deine wird. Such dir eine aus. ☺

Fangen wir mit einem Beispiel an: Stell dir vor, du wärst so richtig geladen, stinksauer und aggressiv und würdest nach irgendwem Ausschau halten, an dem du deine Wut ein wenig abreagieren könntest. Ja, ja, ich weiß, dass du das in Wahrheit natürlich nieee tun würdest.

Stell dir trotzdem nur für dieses Spiel vor, du kämst in dieser Stimmung auf drei Häuser zu, und aus jedem würde jemand herausschauen. Aus dem ersten Haus guckt jemand heraus, über den du dich kürzlich geärgert hast und dem du bisher noch nicht die Meinung sagen konntest. Er (oder sie) sieht ungefähr so schlecht gelaunt aus wie du. Schau hin: Wie fühlst du dich? Fändest du es vielleicht gerade gut, demjenigen in dieser Stimmung endlich mal so richtig die Meinung zu geigen?

Aus Haus zwei guckt ebenfalls eine Person heraus, die dich oft ärgert. Diese Person lässt den Kopf depressiv zwischen den Schultern hängen und signalisiert ganz deutlich, dass schuld an allem nur du bist. Sie ist ein armes Opfer, und du bist herzlos. Was würdest du in deiner gegenwärtigen Stimmung gerne zu dieser »dummen Nudel« sagen?

Auch in Haus drei steht jemand im Türrahmen. Wieder eine Person, mit der noch eine Sache zur Aussprache offen steht. Diese Person jedoch lacht fröhlich und offenherzig. Sie ruht gerade vollkommen in ihrer Mitte und macht einen souveränen und klaren Eindruck. Nicht vergessen – du selbst bist immer noch stinksauer.

Du musst nun mit allen Dreien reden. Zu wem gehst du in dieser Stimmung als Erstes hin und wie sprichst du mit demjenigen? Stell dir vor, du bist gerade sowieso furchtbar wütend, und dann kommen dir noch die Drei in die Quere. Stell dir vor, wie und in welchem Tonfall du mit jedem Einzelnen der Drei redest und wie du dich dabei fühlst. Achte vor allem auf deine Gefühle dabei.

Glaubst du nun, nachdem du die Übung in Gedanken gemacht hast, dass du mit allen drei Personen so redest, dass du damit auch am Abend oder am nächsten Tag noch zufrieden bist? Benimmst du dich auch in Krisensituationen so, wie du gerne sein möchtest und wie du es optimal findest? Oder entgleist dir da öfter mal was? Reagierst du womöglich – wie wir fast alle – unter Druck öfter mal gemäß alter Gewohnheiten und Muster? Und möchtest du eigentlich lieber die innere Freiheit besitzen, ganz anders mit solchen Situationen umgehen zu können?

Falls ja: Willkommen im Club. Dann ist die Übung, die ich dir jetzt anbiete, genau richtig, um dich in drei Monaten mehr in Richtung des Menschen zu entwickeln, der du wirklich gerne sein möchtest, als dir dies in den vergangenen fünf Jahren gelungen ist. Dies versprechen zumindest Dr. Mansukh Patel und Savitri in dem kleinen Büchlein *Mastering the Laws of Relationship*. Und ich glaube ihnen, weil ich die Übung – in leicht modifizierter Form – ausprobiert habe und weil mittlerweile auch einige Bekannte von mir sie mit großem Erfolg getestet haben. In ähnlicher Form habe ich sie übrigens schon von vielen spirituellen Lehrern gehört, ich stelle hier mehrere Varianten vor:

ÜBUNG A

Okay, her mit der Übung. Die Grundidee ist Folgende: Du nimmst dir jeden Abend vor dem Einschlafen ganz in Ruhe 10 bis 15 Minuten Zeit für dich.

Variante 1 (die, die ich gemacht habe)

Ruf dir kurz die Ereignisse des Tages ins Gedächtnis zurück und mach dir Stichpunkte dazu: »Frühstück bei Tobias, Einkaufen mit Marta, Singen Kinder, Putzen« reicht schon. Genauer muss es für die Eckdatenliste gar nicht sein. Dann erinnere dich ein wenig genauer an den Tag und lass ihn vor deinem geistigen Auge ablaufen. Gab es Dinge, die du im nachhinein betrachtet gerne anders gemacht hättest? Falls ja, dann beginnt jetzt die Schreibarbeit. Überlege dir, wie du gerne am liebsten reagiert hättest, und **schreibe das Ereignis so auf, als hättest du es bereits gemacht.**

Beispiel: Du hast bei Tobias das leckere Frühstück in dich hineingeschlungen und es gar nicht richtig genossen. Das hättest du nun besser machen wollen. Also schreibst du in dein Transformationstagebuch: »Ich habe beim Frühstück mit Tobias jeden Bissen genossen und langsam und mit Bedacht gekaut.«

Dasselbe kannst du mit Situationen von Streit, Krach, Ungeduld, geistiger Abwesenheit, mangelnder Dankbarkeit und verpassten Glücksmomenten – einfach mit allem machen. Schreib sie so auf, als hättest du sie optimal erlebt.

Der Trick besteht darin, dass du dir die veränderten Situationen lebhaft »in optimal« vorstellst und sie dabei – ebenfalls optimiert – notierst. Danach gehst du schlafen. Und dein liebes Unbewusstes, das die Welt ja nur durch deine Gedanken und

Gefühle wahrnimmt, merkt sich als letzten Eindruck des Tages diese optimierten Situationen. Es kann nicht unterscheiden, ob du das jetzt so erlebt hast oder ob es nur eine Fantasie von dir war.

Wenn du auf diese Weise drei Monate lang jeden Tag optimierst, dann kommt nach wenigen Wochen ein Punkt, an dem du in Krisensituationen nicht mehr sofort gemäß alter Muster reagierst. Sondern du hältst ganz automatisch inne, und der Gedanke schleicht sich ein: »Stop! Was möchte ich heute Abend hierüber in mein Transformationstagebuch schreiben?« Und ab dem Tag kannst du täglich mehr sein, wer du sein möchtest.

Ich habe dieses Transformationsbuch inzwischen schon häufig empfohlen, und ein bislang sehr streitlustiges Ehepaar, das das Streiten eigentlich gar nicht wirklich lustig fand, berichtete mir, dass sie umgehend aufgehört haben zu streiten. Und das, obwohl die ersten zwei Monate nur er Transformationstagebuch geführt hat.

Was ist passiert? Erinnere dich an die Fantasiesituation von vorhin, als du stinksauer warst und mit den drei verschiedenen Personen deine Unstimmigkeiten klären solltest. Auf jemanden, der einem Vorwürfe macht oder der selbst aggressiv daherkommt, kann man meist leicht seinen eigenen Ärger auch noch abladen. Irgendwie hält man das sogar für gerechtfertigt. Derjenige hat schließlich nichts anderes verdient. Aber schreist du jemanden an, der freundlich offen und souverän in seiner Mitte ruht? Eher nicht, oder? Stellst du dich vor so jemanden mit Schmollmiene und spielst armes Ich? Eher auch nicht, oder? Man kommt sich sonst selbst so dumm dabei vor. Also lässt man es.

Genau das haben die beiden berichtet. Er war zuvor immer völlig aus dem Häuschen geraten, wenn sie wieder mit irgendwas rumzickte, ihm Vorwürfe machte oder schmollte. Dann wurde er aggressiv und schnauzte sie ebenfalls an. Nun schrieb er allabendlich Dinge in sein Transformationstagebuch wie: »Ich bleibe in meiner Mitte, egal, was sie macht oder sagt. Ich liebe mich so, wie ich bin, ich mag mich, egal, was sie redet. Mir geht es gut. Wenn sie schlecht drauf sein will, ist das ihr Problem.« Und: »Ich habe ihr gesagt, sie soll mir meine gute Laune nicht zerstören, sondern sich woanders austoben und wiederkommen, wenn sie wieder normal mit mir reden kann. Dann höre ich ihr gerne zu.«

Lustigerweise ist er nie dazu gekommen, die letzten beiden Sätze wirklich auszusprechen. Denn wenn sie anfing rumzumeckern, und er blieb trotzdem gelassen und gut gelaunt, dann kam sie sich sehr schnell blöd vor und schlug automatisch einen anderen Ton an – und zwar innerhalb weniger Minuten. Er brauchte gar nichts mehr zu sagen.

Irgendwann gefiel ihr die Kraft dieses mysteriösen Transformationstagebuches immer mehr, und sie fing selbst an, eins zu führen. Es dauerte nicht lange, da wurde ihr bei der Arbeit eine höhere Stellung angeboten, weil sie auf einmal Situationen lösen konnte, bei denen sie vorher ebenfalls nur geschmollt und gejammert hatte. Das fiel allen auf, und man befand, sie habe sich zur Führungspersönlichkeit entwickelt, weshalb ihr auf einmal ein Team von zwei Mitarbeiterinnen unterstellt und eine andere Tätigkeit angeboten wurde. Das passierte – soweit ich mich erinnere – drei Monate, nachdem sie die drei Monate ihr Transformationstagebuch geführt hatte.

Als ich sie das letzte Mal sprach, sagte sie, sie hätte inzwischen wieder angefangen, Transformationstagebuch zu schreiben. Im neuen Job wären ganz neue Herausforderungen auf sie zugekommen, mit denen sie nicht gerechnet hätte. Nachdem sie zweimal ins Schleudern geraten sei, schriebe sie nun wieder Transformationstagebuch, um sich noch eine Bewusstseinsebene »weiter hochzubeamen«. Wer weiß, vielleicht könne sie dann bei der Arbeit ein noch größeres Team zur Seite gestellt bekommen ... Die Dame ist ehrgeizig.

Aber – und das finde ich, und das sagen alle, die es bisher wirklich die drei Monate durchgezogen haben: Es macht einen irren Spaß, die Ergebnisse an sich zu beobachten und die innere Freiheit und zunehmende Souveränität zu erleben, die man während des Schreibens des Transformationstagebuches ständig dazugewinnt. Außerdem – und darum geht es ja in diesem Buch auch – erhöhen wir unsere Schwingung dadurch ganz ungemein. Je mehr wir in unserer Mitte ruhen, souveräner werden und unser höchstes Potenzial leben, desto besser wird auch unser direkter Draht zum Universum. Und so geraten wir auf einmal statt in den bekannten Teufelskreis in einen kosmischen Himmelskreis: Alles läuft immer besser und runder.

Variante 2, die »Patel-Version«

Dr. Patel ist Wissenschaftler, international bekannter Philosoph und Autor. Er bietet eine Variante an, die etwas spiritueller und visueller ist. Dabei setzt man sich mit einer Kerze vor sich zum Entspannen hin. Nach einer Weile schließt man die Augen und stellt sich einen Bildschirm vor dem inneren Auge vor, auf dem die Ereignisse des Tages ablaufen. Beginnend mit dem Aufstehen am Morgen bis zu dem Moment, an dem man nun vor der Kerze sitzt. Sodann dankt man sich selbst mit tief empfundener Dankbarkeit für alles, was man getan hat.

Nun spult man in Gedanken den Film noch einmal zurück und ersetzt jeden Konflikt und alles, was man nicht optimal gelöst hat, mit einer Szene, wie man es aus der gegenwärtigen Sicht am liebsten gemacht hätte. Man dreht einfach ein paar Szenen im Tagesablauf neu. Direkt danach geht man ebenfalls schlafen.

Variante 3 nach Jes Lim

Bei einem Vortrag von Jes Lim (spiritueller und Feng Shui-Lehrer) begegnete mir diese Übung vor vielen Jahren zum ersten Mal. Er schlug damals vor, man solle sich bereits zum Schlafen ins Bett legen, dann in Gedanken den Tag durchgehen und auf ähnliche Weise in der Vorstellung »optimieren«. Diese Methode habe ich persönlich jedoch nicht lange angewendet, allenfalls dann, wenn ich Einschlafprobleme hatte. Bei dem Versuch, liegend den Tag in Gedanken zu optimieren, schlief ich nämlich jedes Mal sofort ein. Mir schien es, als wehre sich das Unbewusste vehement gegen derart gravierende Veränderungen und sende sofort Schlafwellen ins Bewusstsein – und schwupp: weg war ich.

Von der Patel-Methode könnte ich mir vorstellen, dass sie für viele besser, romantischer und intensiver ist als meine Schreibmethode. Ich jedoch bin ständig abgedriftet und habe mich in Gedanken regelrecht durch den Tag gequält, um bloß nichts auszulassen. Schreiben ist für mich persönlich viel einfacher und entspannender. Aber auf die genaue Umsetzung dieser Technik kommt es ja nicht an. Du kannst dir auch dein eigenes Drumherum gestalten. Wichtig ist nur, dass du es direkt vor dem Schlafengehen machst. Besonders Fleißige lesen sich das in der Nacht Geschriebene (falls sie die Schreibtechnik wählen) am Morgen nach dem Aufstehen noch mal durch. Das gibt natürlich noch mal eine kleine Turbobeschleunigung. ☺

***

Neale Donald Walsch, Autor mehrerer Bände über seine *Gespräche mit Gott*, sagt, dass mittlerweile Millionen von Menschen hoffen, dass ihre höchsten und hoffnungsvollsten Gedanken über das Leben vielleicht doch wahr sein könnten. Nur so sei die Größe seiner Leserschaft (7 Mio.) zu erklären. Wir alle können etwas dazu beitragen, dass diese höchste Vision wahr wird. Wann immer jemand in tiefe Schwingungstäler abdriftet oder sich aufführt wie ein wilder Watz, sei du derjenige, der denjenigen ansieht und denkt – oder es laut sagt, wenn du die Nerven hast: »Ich weiß, wer du wirklich bist, denn ich sehe das Göttliche in dir, auch wenn du es im Moment vergessen hast.« Dies wäre eine Tat, die gigantische transformierende Wirkungen hat.

Und ebenso gigantisch transformierend wirkt es natürlich, wenn wir ein Tagebuch führen, in dem wir uns selbst daran erinnern, wer wir wirklich sind: spirituelle Wesen und Aspekte des göttlichen Bewusstseins, die gerade eine menschliche Erfahrung machen, und keineswegs menschliche Wesen, die ab und zu eine spirituelle Erfahrung machen, wie schon Pierre Teilhard de Chardin uns sagte.

Immer mehr Wissenschaftler kommen inzwischen zu dem Ergebnis, dass die Basis des Universums nicht Materie, sondern Bewusstsein ist. Erinnere dich mit deinem Transformationstagebuch selbst daran in einem Alltag, der uns etwas anderes vorgaukeln will. Erinnere dich selbst täglich an deine höchste Vision vom Leben, oder erschaffe sie sogar jetzt neu und sei jemand, der sie damit in die Welt trägt. Energie folgt der Aufmerksamkeit, und jeder kann etwas dazu beitragen, Energien in eine konstruktive Richtung zu lenken.

ÜBUNG B

Das Transformationstagebuch kann in dramatisch positiver Weise unter anderem unsere Beziehungen verändern und verbessern. Aber es erfordert ein gewisses Maß an Selbstdisziplin, denn sobald man einen Tag aussetzt, schwappen die alten Muster mit Macht wieder hoch, und man kann im Grunde mit den drei Monaten wieder von vorne beginnen, wenn man wirklich den ganzen kraftvollen Effekt haben möchte.

Eine schnelle »Sparvariante«, um Beziehungen zu verbessern, ist die, sich bewusst für die Wahrnehmung zu öffnen, wie der andere sich gerade fühlt. Das verbessert jede Art von Beziehung und schult die Feinwahrnehmung. Man braucht dem anderen keine Rückmeldung dazu zu geben. Man muss es nur tun: sich öffnen und wahrnehmen. Etwas im anderen nimmt es wahr. Der andere fühlt sich gesehen und geschätzt, und das wirkt unglaublich beruhigend.

Diese Übung ist allerdings nicht so tiefgreifend wie das TT (Transformationstagebuch). Wenn du sie eigentlich machen willst, aber dauernd vergisst, dann kannst du das ja auch ins TT übernehmen. Das heißt, du schreibst abends ins TT, du hättest dich ganz geöffnet und gespürt, wie der andere sich fühlt. Das machst du solange, bis es dir auch tagsüber ganz real tatsächlich immer rechtzeitig einfällt.[4]

---

4) Spezialbuchtipp für Frauen zur positiven Transformation ihrer Beziehungen zu Männern, egal ob privat oder beruflich: *Hallo Tarzan* von Gigi Tomasek. Ich weiß, der Titel klingt furchtbar. Die Empfehlung des Buches hat bei uns im Freundeskreis aber regelmäßig dazu geführt, dass wir Dankesschreiben und Fleurop-Blumensendungen von wieder versöhnten Paaren bekamen. Selbst ein schon seit längerem getrenntes Paar ist wieder vereint, seit sie besagtes Buch gelesen hat.

☆☆☆

Selbstliebe

Bei unserer Wirkung auf andere schlagen Worte wie bereits erwähnt nur mit sieben Prozent zu Buche. Die übrigen 93 Prozent resultieren aus Tonfall, Körpersprache und Mimik. Oder wie Joachim Bauer schreibt: »Unsere Spiegelneuronen simulieren in uns die Gefühlszustände unseres Gegenübers.«

Wer, glaubst du, geht mit besonderer Freude auf einen Menschen zu, der ausstrahlt, nicht liebenswert zu sein? Niemand. Sowohl potenzielle Partner als auch potenzielle Vermieter, neue Chefs und selbst Lieferboten des Universums machen einen Bogen um so jemanden. Instinktiv spüren unsere Mitmenschen unsere fehlende Selbstliebe und fühlen sich davon abgestoßen. Liebe zieht uns an, Nicht-Liebe stößt uns ab. Das ist ein Naturgesetz.

Jeder hilft gerne Menschen, die er als liebenswert empfindet. Und wenn du dich selbst liebst, wirst du auch von außen meist als liebenswert eingestuft. Nun kann es sein, dass von außen gesehen jemand mit einem geringen Selbstwertgefühl trotzdem viel liebenswerter und freundlicher von seinem Grundcharakter her ist als der eine oder andere von denen, die sich selbst lieben.

Hierin liegt eine kleine FALLE: Vielleicht sind dir ein paar Mal Menschen mit einem aufgesetzten oder etwas überlauten Selbstwertgefühl unangenehm in die Quere gekommen. Und nun meinst du, Selbstliebe sei ein Zeichen von Arroganz oder Selbstüberschätzung. Dann lehnst du Selbstliebe ab und wirst sie nie erreichen, weil du nicht so sein willst wie diese laut herumtönenden, übermäßig selbstbewussten Menschen.

Lösung

Erstens: Unter echter Selbstliebe verstehe ich, dass man sich so sehr liebt, dass man es auch aushält, auf die leisen Töne und Impulse zu achten! Sowohl in sich selbst als auch im Außen. Wer laut ist, hat grundsätzlich etwas zu verbergen. Im Zweifelsfall ist das Selbstwertgefühl nur aufgesetzt, und unter der äußeren Maske steckt jemand, der sich wie ein ganz jämmerliches Versagerlein fühlt.

Wenn vielleicht sogar du selbst so jemand bist, dann lass dir gesagt sein, dass deine wahre Natur universell und göttlich ist. Und wenn du ein jämmerliches Versagerlein-Selbst in dir hast, dann ist es vielleicht an der Zeit, hinzugucken und das arme Versagerlein zu erlösen, damit es wieder ein lichtvolles göttliches Fünkchen und ein wertvoller Aspekt der All-Einheit sein darf.

Je stärker du wirkliche Selbstliebe in dir aktivierst, desto leichter wird es dir fallen, auch den

Versagerlein-Aspekt in dir zu lieben. Und je mehr du dich mit diesem Aspekt und deinen Schwächen lieben kannst, desto echter und authentischer wird dein Selbstwertgefühl sein.

Wenn du jemand bist, der sich vor laut und schein-selbstbewusst auftretenden Menschen fürchtet, dann mach dir klar, dass wirkliche universelle Selbstliebe keine Angst vor lauten Tönen und vor anderen hat. Und der wahre Grund, warum du Angst vor solchen Menschen hast, ist der, dass sie dir ein Gefühl spiegeln, das du selbst auch hast. Sie gehen nur ein bisschen anders damit um. ☺

ÜBUNG

Du kannst als Vorübung einen Monat lang zu allen Menschen, die dir begegnen, ganz bewusst Augenkontakt herstellen und nach dem wirklichen Wesen und dem vollkommenen Sein im anderen Ausschau halten. Suche die Schönheit im anderen über seine Augen. Die Augen sind Tore zur Seele. In besonderen Momenten können sich der ganze Kosmos und die Kraft der All-Einheit in den Augen eines Menschen spiegeln.

Nachdem du diesen besonderen Blick einen Monat lang geübt hast, stell dich vor den Spiegel und schau dir selbst in die Augen. Was siehst du? Was drücken die Augen aus, die dir da entgegenblicken?

Du hast nun Übung darin, verschiedene Augenausdrücke wahrzunehmen. Betrachte deine eigenen Augen aus der Position des Beobachters. Was siehst du? Vielleicht spiegeln sich einige deiner Schwächen im Ausdruck deiner Augen. Vielleicht blicken sie nicht ganz offen und beseelt, sondern leer und geistesabwesend drein. Schau genau hin. Und dann nimm dich selbst in den Arm und liebe alles, was du siehst. Du kannst den ganzen Körper umarmen und streicheln und dazu sagen: »Ich lasse alles Belastende in Liebe los und verbinde mich wieder mit der Schönheit, dem Heilsein und der Ganzheit der Seele und meinem universellen Selbst.«

Finde die Position deiner Hände und die Stellen am Körper, die besonders gehalten werden wollen. Schick dir selbst aus deinem Herzen heraus Liebe und Akzeptanz. Wenn du die richtige Stelle und die richtige Position intuitiv findest, ändert sich dein Augenausdruck. Er wird liebevoll, beseelt, ruhig, gelassen, fröhlich und unendlich tief zugleich.

Schau dir noch einmal ganz intensiv und ganz nah in die Augen (Distanz Badezimmerspiegel, Waschbecken. Wenn der Spiegel zu weit weg ist, geh näher ran, wenn möglich so nah, als stündest du deinem Geliebten gegenüber. Sei dein eigener Geliebter!). Und tu nun das, was du den ganzen Monat vorher bei anderen geübt hast, bei dir selbst:

Suche das Vollkommene und die Seele in deinen eigenen Augen. Und wundere dich nicht, wenn dir plötzlich Zweifel kommen, ob du noch du selbst bist. Transzendente Wahrnehmung deines universellen Wesens unabhängig von dieser Inkarnation kann auftreten und ist normal bei dieser Übung. Sollte dieser Effekt bei dir auftreten, kann es sich am Anfang etwas merkwürdig nach Identitätsverlust anfühlen. Dann schau noch einmal genauer hin, und du wirst sehen, dass du nicht dabei bist, etwas zu verlieren, sondern dich daran zu erinnern, dass du noch viel mehr bist. Du bist und darfst sein, was du in diesem Leben bist. Aber du bist und darfst noch viel mehr sein. Begegne deiner unsterblichen Seele in deinen eigenen Augen und nimm sie liebevoll an.

Dies ist eine äußerst kraftvolle Übung, um Selbstliebe mit Turboverstärkung auszustrahlen. Wenn du diese Übung oft genug machst, bis – ähnlich wie bei der Sketchübung – dieser seelenvolle Ausdruck deiner Augen zum Standardausdruck geworden ist, dann kannst du dich schon mal darauf vorbereiten, dass die Leute dir die Tür einrennen werden. Sie werden kommen, ohne groß unterhalten werden zu wollen. Sie wollen nur noch dasitzen, entspannen und in deiner Nähe ganz sie selbst sein. Und mitten unter ihnen werden Horden von universellen Lieferboten sitzen, die ebenfalls immer ganz in deiner Nähe sein wollen. Dir zu liefern, was deinem Herzen an Wünschen entspringt, wird ihnen die höchste Freude sein.

☆☆☆

Lichtvolle Gedanken

Wir sind wie eine Art Radiostation. Wir senden ständig irgendwelche Gedanken aus, und sie erreichen, zumindest in ihrer grundsätzlichen Qualität, unser Gegenüber. In meinem Buch *Reklamationen beim Universum* habe ich die alte spirituelle und mittlerweile auch von einigen Quantenphysikern gestützte Theorie beschrieben, derzufolge Licht der Baustein für alles ist. Die Quantenphysik betrachtet Licht als Baustein für die gesamte Materie, und einige spirituelle Lehren gehen davon aus, dass auch unsere Gefühle sowie sämtliche Lebenssituationen, einfach alles, letztlich aus Licht bestehen.

Wer manifestieren oder irgendetwas erschaffen möchte, braucht daher viel Licht in seinem Inneren, weil es der Baustein für alles ist. Das ist auch der Grund, warum lichtvollen Gedanken mehr Schöpferkraft innewohnt als angstvollen dunklen Gedanken. Je düsterer meine Gedanken, desto mehr muss ich mich um meinen Kram alleine kümmern und mich auf rein materieller Ebene mit mechanischer Kraft einsetzen. Je lichtvoller meine Gedanken, desto mehr eilt die Kraft des universellen Geistes mir zu Hilfe.

Q

Achtung Quicky

Bist du gerade ganz vertieft in das, was du soeben gelesen hast? Macht nix, trotzdem einmal bewusst EINATMEN, in Gedanken online mit dem Universum gehen, Herz öffnen und mit geöffnetem Herzen weiterlesen. Lass dein Herz auch bei unangenehmen Themen geöffnet. Es wird dir leichter fallen, Lösungen zu finden oder damit umzugehen.

Wenn ich beispielsweise eine lästige Warze wütend anschreie, sie solle gefälligst verschwinden, so wird dies nicht viel nutzen. Wenn ich die Warze hingegen in liebe- und lichtvoller Grundstimmung »bespreche« und ihr sage, sie möge doch verschwinden, tut sie das sehr häufig.

Oder stell dir einen Mann mit Erektionsproblemen vor. Werden Wut, Ärger und Frust das Problem beseitigen, oder werden vertrauens- und lichtvollere Gedanken aller Art eher eine Chance haben?

Es geht also darum, lichtvollere Gedanken zu produzieren, zum einen, weil das grundsätzlich schöner ist und mehr Freude macht. Und zum anderen, weil es unsere Bestellerfolge verbessert. ☺

Hier ein aktuelles Beispiel »von der Front«, wie es gehen kann, ein Beispiel von mir, jetzt in diesem Moment:

Ich teile den Raum, in dem ich gerade schreibe, mit einer Katze. Sie ist alt, verliert ihr Haar und sieht schon sehr schäbig aus. Ich muss hinzufügen, dass es nicht meine Katze ist. Aber weil es schwierig ist, sich mit kleinen Kindern im Haus für längere Zeit zu konzentrieren und ein Buch zu schreiben, habe ich mich für drei Tage bei Freunden eingenistet. Und unsere Freunde haben eben diese Katze. Ein Dutzend Mal am Tag sitzt sie vor der Terrassentür und möchte raus in den Garten. Kurz darauf will sie wieder rein. Da es ziemlich kalt draußen ist und ich die alte Katze nicht frieren lassen möchte, muss ich ständig aufstehen und den Butler für das Tier spielen.

Manchmal sitzt sie im Raum und gibt äußerst merkwürdige Geräusche von sich, was auch nicht sehr konzentrationsfördernd ist. Aber ich vermute, sie kann es nicht vermeiden. Sie ist einfach alt. Ich ertappte mich selbst bei dem Gedanken: »Uuuh, du hässliche Kreatur, kannst du nicht einfach rausgehen, da bleiben und aus meinem Blickfeld verschwinden?«

Das war der Moment, an dem es für mich eine Gelegenheit gab zu üben, lichtvollere Gedanken zu produzieren. Denn dass sie alt und hässlich ist, ist nie und nimmer alles, was sich über diese Katze sagen lässt. Wie jeder und jede andere ist sie ein Geschöpf des Universums und möchte Liebe geben und Liebe erfahren. Was sonst wollen wir je wirklich?

Am Schluss läuft es immer auf das hinaus, wenn wir nur genau hinsehen. Also änderte ich meine Gedanken und sagte zur Katze: »Okay, ich vermute, alles, was du willst, ist, wie jeder andere auch, ein wenig Liebe. Entschuldige meine unfreundlichen Gedanken. Du kannst hingehen, wo du willst. Ich werde die Tür weiterhin für dich öffnen.«

Sofort hatte ich ein neues Problem. Die Katze schien die Ansprache zu mögen. Denn sie sprang auf die Sitzbank, auf der ich saß, und rieb sich an meinem Rücken. Etwas, was sie, wie unsere Freunde mir gesagt hatten, fast nie bei Fremden tut. Ich bemühte mich, nicht zu denken, dass sie meine Jacke mit ihren Haaren verderben würde. Dann miaute sie laut und wollte mein Sitzkissen mit mir teilen. Na bravo. Da saß sie nun und sah in mein Notebook, als könne sie lesen, was ich da schreibe.

Nun konnte ich mich endgültig nicht mehr konzentrieren. Also machte ich eine Pause und gab der Katze ein paar Streicheleinheiten. Sie ist sehr dünn und instabil, ich musste sehr vorsichtig mit ihr umgehen. Ich wünschte der Katze glückliche Altentage und einen friedlichen Tod, wann immer es denn so weit sein würde. Sie schien es zu mögen, denn sie blieb eine ganze Weile bei mir sitzen. Ehrlich gesagt, kann ich aber kaum sagen, wem diese Pause mehr gut tat, der Katze oder mir.

Schließlich reichte es meiner Zottelmieze und sie wollte wieder nach draußen. Innerlich im Frieden mit ihr stand ich auf und ließ sie – mal wieder – raus. Und rate: Sie blieb für Stunden draußen, und ich konnte endlich ungestört arbeiten! Erst spät abends kam sie wieder rein und verzog sich sofort auf ihren Schlafplatz. Vielleicht hatte sie mit dem ganzen Hin- und Hergewandere nur versucht, Aufmerksamkeit zu bekommen, so wie kleine Kinder das auch gerne tun, wenn man zu sehr ins Haushaltsrumwerkeln vertieft ist.

ÜBUNG

Hier sind ein paar mögliche transformierende Gedanken, wenn du dich dabei ertappst, negative Gedanken über andere in die Welt zu senden. Du kannst dir deine Lieblingsgedanken auch auf einen kleinen Zettel schreiben und ihn im Portemonnaie aufbewahren.

- Ich bin sicher, in letzter Konsequenz bist auch du nur auf der Suche nach der Erfahrung von mehr Liebe in deinem Leben, so wie alle anderen auch.
- Danke, dass du mir meine Gedanken so deutlich spiegelst.
- Danke für die Gelegenheit, meine Gedanken zu trainieren.
- Friede sei mit dir.

☆☆☆

Vertrauen

Wir können das gesamte Universum für uns in Bewegung setzen, wenn wir verstehen, dass wir nicht wissen müssen, wie es das tut. Diese Art zu denken ist ungewohnt für uns. Wir meinen, was wir nicht verstehen, das taugt auch nichts, doch oft ist es genau umgekehrt.

In dem schon erwähnten Kinofilm *What the bleep do we know?* kommen Forscher zu Wort, die davon ausgehen, dass unser Gehirn 400 Milliarden Bits an Informationen pro Sekunde verarbeitet. Der bewusste Verstand belegt davon nur 2.000 Bits pro Sekunde. Das heißt, das Unterbewusstsein verarbeitet pro Sekunde 200 Millionen mal mehr Informationen als der bewusste Verstand.

Und das ist nur unser mickrig kleines lokales Unterbewusstsein. Dieses können wir nun noch mit dem Unterbewusstsein aller anderen Menschen multiplizieren sowie mit der unterschwelligen Intelligenz der gesamten uns umgebenden Natur – und dann können wir uns sicher leicht vorstellen, wieso es eine gute Idee ist, dem einfach zu vertrauen, weil unser Verstand einfach zu klein ist, um das Ganze des Lebens zu begreifen und zu überschauen.

Aber da kommt sie schon geschlichen, die kleine gehässige Stimme unserer geheimen inneren Ängste: Können wir der Natur wirklich vertrauen, oder ist es nicht besser, wir kontrollieren so viel wie möglich, nicht dass die Natur uns über den Tisch zieht?

Wenn wir einem vertrauen können, dann der Natur und dem universellen Geist. Schon Einstein hat herausgefunden, dass die Natur zur Harmonie tendiert. Die bestmöglichen Resultate erzielen wir nicht dann, wenn wir möglichst viel berechnen und kalkulieren, sondern wenn wir die Natur beobachten und es ihr nachmachen. Der Naturforscher und Erfinder Viktor Schauberger hat im Zusammenhang mit Wasser auf diese Weise erstaunliche Resultate erzielt. Er hat einfach nur die Natur beobachtet und ihrer Weisheit vertraut.

Viele spirituelle und religionsunabhängige Gemeinschaften, unter anderem die Sufis, veranstalten Stille-Retreats basierend auf der Annahme, dass unsere Seele sich ganz automatisch Richtung Harmonie und Gesundheit bewegt, wenn nur wir unser Kontroll-, Stress- und Angstdenken mal eine Weile loslassen können.

ÜBUNG

Praktiziere, im täglichen Leben alles, was du tust (oder sagen wir täglich ein bisschen mehr), so gut zu tun, wie du wirklich kannst. Das heißt, keinen Dienst nach Vorschrift ablatschen, sondern wirklich mit dem Herzen dabei sein und das Beste aus allem machen.

Wenn du an den kleinen Kiosk an der Ecke gehst, bemühe dich, jeden, dem du begegnest, zu respektieren, das Beste in ihm zu sehen – und das aus ganzem Herzen. Es ist nicht nötig, den Mann am Kiosk so breit anzugrinsen, dass es wehtut, auch nicht, ihm für die Tageszeitung so überschwenglich zu danken, als hätte er gerade dein Leben gerettet. Die Kunst liegt darin, es nicht zu übertreiben, sondern den Punkt zu finden, an dem du wirklich kleine Geschenke der Dankbarkeit und ein Lächeln bei den Menschen hinterlässt, die dir begegnen. Dabei hat oberste Priorität, dass du dich mit dir selbst wohlfühlst.

Wenn Abgrenzen nötig ist, dann grenze dich ab, respektvoll und freundlich, wenn möglich. Man kann allerdings auch in Gedanken und von Herzen Respekt aussenden, auch wenn es manchmal nötig ist, etwas deutlicher zu werden. Etwas im anderen wird spüren, mit welcher inneren Qualität du dich abgrenzt. Du kennst das sicher auch, dass du Kritik von Menschen mit einer wohlwollenden Grundhaltung dir gegenüber eher annehmen kannst, als wenn du Ablehnung spürst.

Du tust also dein Bestes und das aus ganzem Herzen heraus. Aber was hat das mit Vertrauen zu tun? Das ist das Geniale: Je mehr du so auf das Leben zugehst, desto mehr beginnt das Leben DIR zu vertrauen! Und dieses Vertrauen wird sich in dir widerspiegeln. Du wirst spüren, dass das Leben dir vertraut, und das wird dir ebenfalls Vertrauen dem Leben gegenüber geben. Wirklich genial, oder?

Und hier wieder unsere kurze Einblendung für die Werbung – ach nein, halt, für den Quicky natürlich:

Einatmen, online gehen, Herz öffnen, weiterlesen!

Es ist nämlich unheimlich schwer, alte Muster aus Misstrauen, Sorge und Kontrollsucht loszulassen, wenn das Leben im Außen noch ganz so aussieht, als müsste man ihm misstrauen. Mit diesem kleinen, aber effektiven Trick durch die Hintertür beginnst du eine Person zu sein, der man rundum vertrauen kann. Das kannst du jederzeit tun. Du kannst jederzeit anfangen eine Person zu sein, der alle anderen vertrauen können. Und hast du nicht gesehen, spiegelt das Leben dir das Vertrauen wider, das du anderen gibst, sodass es ganz einfach wird, dem Leben deinerseits ebenfalls mehr zu vertrauen.

Stell dir vor, ein Kollege von dir macht Fehler. Anstatt aggressiv rumzumosern, hilfst du ihm, die Fehler auszubügeln, bevor andere Meckerer es merken. Der Kollege wird das Gefühl haben, dir vertrauen zu können. Und das Leben wird dir das Vertrauen widerspiegeln, vielleicht an ganz anderer Stelle. Je mehr du gibst, desto mehr wird zurückkommen.

Trotzdem: Setz bitte dich selbst dabei an die erste Stelle. Diese Übung – »Gehe eine stärkere Verpflichtung dir selbst gegenüber ein« – ist bereits ausführlich in meinem ersten Buch *Bestellungen beim Universum* beschrieben, und dem ist von meiner Seite nichts hinzuzufügen! Zumal ich vermute, dass, wer auch immer dieses Buch liest, mein erstes schon gelesen hat. Falls nicht, findest du sicher jemanden, von dem du es dir mal ausleihen kannst. ☺

☆☆☆

Kreativität und Spontaneität

Kreativität hat etwas mit Selbstliebe zu tun. Wer keine Angst vor Blamagen oder Imageverlust hat, kann auch mal ungewöhnliche Dinge ausprobieren und seine Kreativität voll ausleben. Wenn man Angst vor spöttischen Blicken oder davor hat, aus dem Rahmen zu fallen, fällt es schwer, wirklich kreativ zu sein. Aber: Wer immer auf alten, ausgetretenen Pfaden wandelt, kann nicht erwarten, an neue Ziele zu gelangen. Und das Universum liefert uns größere und ausgefallene Wünsche selten so, dass wir dafür nicht mal unsere ausgetretenen Pfade verlassen und kreativen Eingebungen folgen müssten.

Wenn du schon ewig nicht mehr kreativ und spontan irgendetwas getan hast, ist zu befürchten, dass du die universellen Gelegenheiten, Neues zu entdecken, permanent verpasst. Überdies ist es auch nicht sonderlich kreativ, immer nur Parkplätze beim Universum zu bestellen. Das Buch endet daher mit drei Beispielbestellungen von Lesern, die in irgendeiner Weise kreativ dabei waren.

ÜBUNG

Kindern vergeht die Kreativität, wenn sie nur Spielzeug haben, bei dem vorgegeben ist, was man damit spielen kann, auch dann, wenn nie einer mit ihnen zusammen spielt. Kreativität will gelernt sein. Andererseits kannst du dir aber auch Kinder »ausleihen«, wenn du selbst keine hast, um von ihnen die Kreativität wieder zu erlernen. Du kannst die Kinder von Freunden und Verwandten fragen. Sag ihnen, dass du eine Übung zur Kreativitätsförderung machst und ihre Hilfe brauchst.

Am besten geht ihr dann in den Wald oder in die Natur, denn ihre Ursprünglichkeit regt die Kreativität an. Ihr könnt aus den im Wald gefundenen Materialien gemeinsam einen Elfenpalast oder ein Zwergenhaus bauen. Oder ihr sammelt Äste, Wurzeln oder sonstige Zufallsfundstücke, die Figuren darstellen sollen, und führt ein selbst erdachtes Theaterstück mit diesen »Puppen« auf. Ein dicker runder Stein ist dann beispielsweise der Bauer Kugelrund, eine etwas zerfledderte Wurzel mit wippenden hängenden Verästelungen ist der Kaspar, und eine Astgabel ist das Krokodil.

Du kannst dir auch aus alten Zeitungen eine Kollage zusammenbasteln, die deine Wünsche darstellt. Oder bau dir – zum Beispiel aus Kartons – einen kleinen eigenen Tempel, in den du dich mit einer entzündeten Kerze zum Meditieren verkriechst.

Bei uns in der Nähe gibt es den Brauch, am 13. Dezember jeden Jahres Häuser und Kirchen aus Pappe, Karton und Transparentpapier zu basteln und diese bei Anbruch der Dunkelheit mit einer Kerze innendrin auf den Fluss zu setzen. Diese Häuschen sind zwischen 10 x 10 x 10 und maximal 50 x 50 x 100 Zentimer groß (ca. 1 Meter war die Höhe einer Kirche). Der Brauch kommt daher, dass es vor vielen Jahrzehnten ein furchtbares Hochwasser in der Gegend gab. Am 13.12. beteten damals die Bewohner der Stadt zur Schutzpatronin des Tages, der heiligen Lucia. Und als sich das Wasser daraufhin prompt zurückzog, versprachen sie, sich ab sofort jedes Jahr am gleichen Tag mit den sogenannten Lucienhäuschen zu bedanken. Diese Lucienhäuschen sind Miniaturnachbildungen der geretteten Häuser und schwimmen auf Holz- oder Styroporbrettern.

Es sieht wunderschön aus, wenn an die Hundert dieser kunterbunten Häuschen im Dunkeln den Fluss hinabschwimmen. Die Wasserwacht hat dann die ehrenvolle Aufgabe, sich mitten im Dezember in Neoprenanzügen in die eisigen Fluten zu begeben und die Häuschen mit den abgebrannten Kerzen wieder einzusammeln. Bibber, frier – mir wird beim bloßen Gedanken daran kalt.

Die Häuschen jedenfalls sind wunderhübsch und total kreativ. Viele bunte Fenster und Türen sind aus dem Karton ausgeschnitten und mit buntem

Transparentpapier hinterklebt. Und selbst aus den Dächern sind oft noch Formen (Sterne, Mond, Kometen) ausgestanzt und bunt unterklebt. In die Häuschen kommen dann Teelichter, und ab geht die Post.

Es ist egal, was du machst. Hauptsache, du machst überhaupt irgendwas, um deine Kreativität lebendig werden zu lassen. Die Vielfalt dieser Häuschen, die zahlreichen schöpferischen Ideen, die darin auf einfachste Weise umgesetzt werden, haben mir wieder gezeigt (es ist gerade Dezember), wie kreativ die Menschen doch sind, sobald sie mal die Gelegenheit dazu haben.

Angst, Druck und Stress

Unter Druck, Stress und Angst kann man nicht nur nicht mehr richtig lernen, weil die Aufnahmefähigkeit des Gehirns blockiert ist, auch unsere Intuition funktioniert nicht mehr. Entweder wir hören ihre Stimme nicht mehr oder aber sie scheint Unsinn zu erzählen. Das liegt daran, dass sie tatsächlich ausgeschaltet ist und das Gehirn in seiner Panik ersatzweise irgendwelche substanzlosen Fantasien ausgibt.

Bestimmt kennst du den Zustand, dass du unter Druck noch nicht einmal mehr weißt, ob dein Gegenüber dir gut oder schlecht gesonnen ist, auch wenn du sonst vielleicht eine recht präzise Wahrnehmung dafür hast. Das ist mit ein Grund dafür, warum wir so gereizt und überempfindlich reagieren, wenn wir uns unter Druck fühlen. Wir legen alles falsch aus, weil die Intuition ausgeschaltet ist.

Erinnere dich an die Beschreibung des skandinavischen Schulsystems. Dort gibt es erst Noten, wenn die Schüler bereits stabil und selbstbewusst genug auf ihrem persönlichen Weg vorangekommen sind, sodass sie mit dem von Noten ausgehenden Leistungsdruck besser umgehen können.

Wenn du regelmäßig unter Angst, Druck und Stress leidest, solltest du deine Lebensumstände überdenken. Egal, was die Menschen in deinem Umfeld dir einreden und mit welchen wohlmeinenden Katastrophenratschlägen dich der eine oder andere überschüttet: Wie kannst du Angst, Druck und Stress in deinem Leben vermindern?

ÜBUNG A

Dies ist die wichtigste und die gleiche Übung wie Übung D in dem Kapitel »Innere Filter und alte Gefühle neu einstellen«. Viele Ängste resultieren aus unterdrückten Gefühlen. Sie portionsweise in leicht verdaulichen kleinen Häppchen im Alltag immer wieder anzusehen und in Liebe zu umarmen löst sie nach und nach auf. Traumata und Ängste lassen sich natürlich auch mit therapeutischer Hilfe lösen – bei kleineren Ängsten heutzutage manchmal sogar in einer einzelnen Sitzung. Für verschiedene einfache und effektive Methoden dazu siehe Anhang.

ÜBUNG B

Ängste, Stress und Druck werden durch alte Verhaltensmuster begünstigt, die dafür sorgen, dass du im Außen immer wieder Situationen anziehst, in denen du gestresst bist. Alle Übungen, um »im Inneren aufzuräumen«, alte Muster zu überschreiben oder alte Gefühle zu transformieren, lösen daher die Angst Stück für Stück auf.

Q

Na, noch alles abgespeichert?
Wie ging noch mal gleich der
10-Sekunden-Quicky?

Atme ein und stell dir vor, du kannst beim Einatmen online mit dem Universum gehen. Das Universum ist immer da, du brauchst dich nur einzuklinken in seine Kraft.
Öffne dein Herz und schau auf alles um dich herum mit offenem Herzen und einer guten Verbindung nach oben.

- Wenn dich gerade etwas ärgert (zum Beispiel diese Unterbrechung), tue etwas Absurdes und danke dafür, dass du es gerade tun oder erleben darfst, und beobachte, ob sich dadurch etwas in dir verändert.
- Wenn dir gerade etwas besonders gut gefällt (möglicherweise dieser supertolle Einschub), schick in Gedanken eine Mail ans Universum und teile das Schöne mit ihm so wie mit deinem besten Freund!

Fertig.

Mach dir eine Liste von Situationen und Umgebungen, in denen du dich entspannt und gelassen fühlst. Das können Dinge sein wie: in der Badewanne, bei meiner Freundin Klara, beim Spazierengehen im Wald, wenn ich mit Kindern spiele, wenn ich singe oder Musik mache. Baue jeden Tag wenigstens kleine »angst- und stressfreie Zonen« ein, in denen du dir etwas von deiner Liste oben gönnst.

Bei den meisten Menschen wirkt es beruhigend auf Körper und Seele, Mantren zu singen. Wenn du abends vor dem Einschlafen und morgens gleich nach dem Aufwachen eins singst, wirkt es besonders stark.

TIPP: Du kannst zu einer Mantren-CD mitsingen.[5] Aber stell die Musik so leise, dass du auch dich selbst hörst. Und dann experimentiere mit deiner Stimme und Tonlage. Singe so, dass deine Stimme vertrauensvoll und gelassen klingt. So kann das Gefühl von Vertrauen und Gelassenheit besonders schnell in dir wachsen.

ÜBUNG C

Ich gehe davon aus, dass jeder von uns einen Aspekt in sich hat, der die Antworten kennt, die wir suchen und die für uns richtig sind. Von außen ist

---

5) Es gibt beispielsweise die CD *Sing & Heal* von Dinah Arosa Marker, zu beziehen unter Tel. 08441-90543 oder auf der Homepage www.harmonie-des-seins.de. Hier singt eine Frauenstimme vor.

die Lösung oft sehr schlecht zu (er)raten, da die Auslöser für Angst, Druck und Stress so individuell wie die Menschen selbst sein können.

Ich schlage daher vor, dass du dir selbst rätst, und zwar, indem du dir selbst zwei Briefe schreibst. Verwende schönes Briefpapier oder male oder beklebe dir selbst eine bunte Seite. Dann such dir einen Ort aus, an dem es dir gut geht. Das kann der Ruheraum in einer Sauna sein, das Schlosscafé von Neuschwanstein, ein Platz im Wald, am See oder deine Lieblingskuschelecke zu Hause. Du entscheidest.

Beginne mit dem ersten Brief. Stell dir vor, du bist deine unsterbliche Seele im Himmel und du schreibst einen Brief an dein Erdenselbst. Was kannst du dir selbst raten, wie du Ängste, Stress und Druck aus deinem Leben verabschieden kannst?

Steck den Brief in einen Umschlag und schreib zunächst ein paar Tage später oder auch sofort, wie du willst, einen zweiten Brief. Diesmal ist es eine Art Zeitreisebrief oder ein Brief aus einem parallelen Universum.

Kennst du den Kinofilm *The Kid*? Darin wird ein Mann durch eine mystische Laune des Lebens von sich selbst als 8-jährigem Jungen besucht. Als der Junge und er schließlich verstanden haben, was mit ihnen passiert, läuft der 8-Jährige bei seinem

30 Jahre älteren Ich durch die Wohnung und ruft empört: »Wo ist mein Hund?«

»Was für ein Hund?«, fragt der Ältere.

»Ich habe keinen Hund, wenn ich mal groß bin?« Der Kleine ist total empört.

»Und überhaupt, müsste hier nicht auch eine Frau sein?«

Damit kann der Ältere leider auch nicht dienen. Er hat sich nur auf seine Karriere konzentriert. Die wiederum ist dem Kleinen schnurzpiepegal. Er ist echt enttäuscht von seinem älteren Ich.

Stell dir vor, du selbst schreibst aus einem parallelen Universum, in dem alles anders gelaufen ist, einen Brief an dein jetziges Ich hier. In diesem parallelen Universum ist dein Leben ideal verlaufen, du bist voller Kraft, Selbstbewusstsein und hast eine liebevolle, lebendige Verbindung zu deiner inneren Weisheit. Und aus dieser Warte teilt dieses Paralleluniversums-Ich dir seine Ratschläge mit.

Lies diese Ratschläge einmal pro Woche und schau, was davon du umsetzen kannst.

Wenn du gute Freunde hast, denen du vertraust, dann lass sie einen solchen Brief an dich schreiben. Wenn man mittendrin steckt, hat man manchmal Scheuklappen auf und ist betriebsblind. Da auch in deinen Freunden universelle Weisheit steckt, können wertvolle Ratschläge also auch von ausgesuchten Freunden kommen. Und von Nervensägen, die dich ungefragt mit solchen überhäufen, verbittest du dir in Zukunft ungebetene Kommentare.

Wenn es dir wirklich ernst damit ist, dein Leben selbst in die Hand zu nehmen, dann kannst du auch eine Umfrage im Zentrum der nächsten Stadt machen oder am Hauptbahnhof Menschen befragen, die eh gerade auf den Zug warten und Zeit haben:

»Entschuldigen Sie, ich mache gerade eine Umfrage für die Zeitschrift ‚Psychologie morgen' zum Thema natürliche Weisheit. Dürfte ich Ihnen dazu eine Frage stellen?«

Wenn der andere einverstanden ist, frage ihn, was er jemandem in deiner Situation raten würde. Natürlich ohne zu verraten, dass es sich dabei um dich selbst handelt. Du kannst die Frage auch verallgemeinern. »Was würden Sie einem Menschen raten, der ständig Probleme mit Angst, Druck, Stress hat?«

Schreib dir drei Fragen auf und interviewe jeden von der Bäckereiverkäuferin über Jugendliche, Obdachlose bis hin zu betucht aussehenden älteren Damen. Du wirst bestimmt eine Menge weise und gute Antworten erhalten.

TIPP: Für begleitete Arbeit mit Ängsten in Form von emotionalen Ausgleichsübungen findest du im Anhang eine Kontaktadresse. Hier noch eine Buchempfehlung dazu: Barry Long: *Nur die Angst stirbt.*

Energiebahnen im Körper

Du kannst die Auswirkungen sämtlicher Übungen in diesem Buch verstärken und beschleunigen, wenn du zusätzlich auf einer ganz anderen Ebene trainierst, deine Energiebahnen (Meridiane und Co.) zu öffnen. Yoga, Zhineng Zhigong oder Hsin Tao sind effektive, mir bekannte Übungsformen dafür. Zhineng beispielsweise verbindet grundsätzlich die körperliche Übung mit dem Üben der inneren Absicht und Einstellung (siehe Anhang). Empfehlenswert ist auch jede andere Qigong-Form, die dich anspricht. Dabei handelt es sich um eine ganz andere Ebene des Übens, die sich äußerst positiv auf die anderen Ebenen auswirkt.

☆☆☆

Richtiger Ton und richtiger Moment

»Sei so nett und reich mir mal die Butter.« Wenn du mich so nett und freundlich ansprechen würdest, würde ich dir, ohne groß nachzudenken, sofort die Butter reichen.

»Räusper, flüster, ach bitte, ich hoffe, ich störe nicht, ist es zuviel verlangt, die Butter ... ähhem?« Wenn du mich so ansprechen würdest, wäre ich fürchterlich genervt. Ich würde sie dir wahrscheinlich trotzdem geben, aber Lust hätte ich keine mehr dazu. Und in Zukunft würde ich es vermeiden, mich beim Frühstück neben dich zu setzen. Bei so einer unterwürfigen Ansprache vergeht einem ja der Appetit.

»Los, fahr endlich die Butter rüber. Du hast sie jetzt wirklich lange genug. Dalli, dalli.« Möchtest du meine Antwort wissen? »Hol sie dir doch!«

Die Natur und das Universum reagieren da ganz ähnlich. Schließlich sind wir ein Teil dieser Natur und damit irgendwie auch artverwandt mit ihr. Wenn das Universum nett und freundlich angesprochen wird, dann entsteht sofort der Wunsch, dich so schnell wie möglich zu beliefern.

Sobald du dich entweder unnatürlich klein machst oder extrem fordernd wirst, setzen die Lieferungen aus. Die Natur/das Universum möchte deine Freundin sein und weder deine Dienerin noch deine weit über dir stehende Chefin.

☆☆☆

Mein Inneres näher kennenlernen

Dieses Kapitel umfasst die Themen:

- Verantwortung für mein Leben übernehmen
- Mein Inneres reflektieren und das Außen als seinen Spiegel betrachten
- Mehr Zeit für innere Aktivitäten aufwenden

Viele der anderen Übungen (die zur Selbstliebe, zur besseren Verbindung mit dem universellen Geist etc.) haben bereits Auswirkungen auf diese Bereiche, so wie überhaupt die Themen ineinander übergreifen und sich gegenseitig beeinflussen und transformieren.

Die gleich folgende ist eine zusätzliche kleine Übung zu obigen Themen. Du brauchst aber sowieso nie alle Übungen auf einmal zu machen. Es ist völlig ausreichend, mit ein bis zwei Übungen anzufangen, die dich besonders ansprechen. Und wenn du diese ausreichend erprobst hast, kannst du eine neue nachschlagen.

ÜBUNG

Wenn du dich selbst nicht kennst, erkennst du auch den universellen Lieferboten nicht. Denn er kommuniziert über kleine innere Impulse mit dir. Der Dalai Lama schreibt in seinem Buch *Die Welt in einem Atom* unter anderem über tibetische Meditation. Er sagt, dass es dabei keineswegs darum geht zu üben, nicht zu denken, oder um die Abwesenheit mentaler Aktivität. Es geht vielmehr darum, dass man seine eigenen inneren Prozesse beobachtet und kennenlernt.

»Was passiert in meinem Inneren?« ist die Frage, die sich der Meditierende selbst stellt. Um dies wirklich beobachten zu können, ist es essentiell, dass man in der Lage ist, seine Aufmerksamkeit für einen Moment lang auf nur eine Sache zu richten, wie kurz auch immer dieser Moment sein mag. Diese Art der inneren Beobachtung erzeugt neue mentale Fähigkeiten. Der Dalai Lama schreibt sogar, es sei wissenschaftlich bewiesen, dass man mit dieser Art von Meditation diejenigen Bereiche im Gehirn verstärken und aktivieren könne, die das Gefühl von Glücklich- und Entspanntsein produzieren. So wie Menschen, die viel Schach oder viel Klavier spielen, auch die entsprechenden Bereiche in ihrem Gehirn verstärkt ausbilden (z. B. die Feinmotorik der Hand), so kreiert die tibetische Meditation eine stärkere Glücksproduktion im Gehirn.

Indem du dir Zeit für dich selbst nimmst, um deine inneren Prozesse besser kennenzulernen, wirst du sensibler für die kleinen Impulse deiner Intuition und die des universellen Lieferboten. Und ganz nebenbei macht es dich glücklicher.

Wünsche und Ziele im Leben höher ansetzen

Was möchtest du am Ende deines Lebens über dein Leben denken? Welche Ozeane und Länder möchtest du bereist haben? Ich meine das nicht nur wörtlich, ich meine auch und vor allem die inneren Ozeane und Länder, die du vielleicht in all ihrer Weite und Vielfalt bereist haben möchtest. So etwas wie die Tiefe des Ozeans der Freundschaft oder das Land der Harmonie in der Familie, den subtropischen Dschungel der Gefühle, die Berghütte der inneren Stille und die Begegnung ganz mit dir selbst oder, oder, oder. Was möchtest du alles erlebt haben, welche inneren Reisen wünschst du dir angetreten zu haben?

Nicht für jeden ist es ein wirklicher Herzenswunsch oder auch nur annähernd sinnvoll, die ganze äußere Welt zu bereisen. Aber für jeden gibt es eine innere Welt, die bereist werden möchte.

ÜBUNG

Hast du bereits begonnen, deine innere Welt zu entdecken? Falls nicht, beginne damit jetzt. Beginne mit einer kleinen Reise nach innen. Um die innere Navigation zu aktivieren, ist es sinnvoll, einen Platz zu finden, an dem du gerne sitzt: in einem geschlossenen Raum oder in der Natur, bei Sonnenaufgang oder Sonnenuntergang oder was auch immer dir am besten gefällt. Wähle sowohl einen Ort als auch eine Zeit, die etwas Besonderes und Positives für dich repräsentieren. Oft wird das ein Platz in der Natur sein, möglicherweise sogar ein Druidenhain, eine Keltenschanze, ein Kraftplatz, ein Stuhl unter einem Baum in deinem Lieblingspark etc. Möglicherweise auch ein Ort, an dem du als Kind besonders gerne gesessen hast. Jeder Platz ist gut, der dir besonders schön oder positiv magisch und kraftvoll erscheint.

An diesem Platz tust du nichts anderes als dazusitzen und die Absicht klar in dir zu formulieren, dass du herausfinden möchtest, welches die nächste innere Reise ist, die dein Herz gerne antreten möchte.

Es kann hilfreich sein, wenn du dir dich selbst am Ende deines Lebens mit einem friedlichen und erfüllten Lächeln im Gesicht vorstellst. Sieh dich selbst, wie du vor dem Übergang in eine andere Daseinsform glücklich auf dieses innere Land zurückblickst, das du erforschst hast. Ein Land, für das du keinen Cent brauchst, um es bereisen zu können. Es gibt unendliche viele solcher inneren Länder. Welches würde dich glücklich machen, bereist zu haben?

Wenn du einmal diese Absicht deutlich formuliert hast, entspann dich. Beobachte alles Harmonische, das dir um dich herum auffällt. Vielleicht das Säuseln des Windes in den Blättern eines Baums. Oder ein Instrument (auch deine Lieblingsmusik dazu zu hören ist eine gute Idee für diese Übung), ein Wasserplätschern, ein spielendes Kind, der weiche Untergrund, ein Duft, was auch immer. Beobachte deinen Atem, ohne ihn absichtlich verändern zu wollen. Schau ihm einfach nur zu, wie er ganz von alleine fließt.

Gibt es Bereiche in deinem Körper, die sich bereits ganz entspannt und harmonisch anfühlen? Lenke deine Aufmerksamkeit auf diese entspannten Regionen. Möglicherweise dehnen sie sich allein dadurch aus, dass du sie beachtest.

Nach einigen Momenten, wenn du das Gefühl hast, lange genug entspannt dagesessen zu haben, wiederhole im Geist die Frage: »Liebes Herz, welches innere Land möchtest du gerne bereisen? Welche Erfahrung möchtest du gerne machen?« Entweder taucht bereits eine Idee dazu in dir auf oder aber, falls nicht, steh einfach auf, dank dir selbst dafür, dass du dir Zeit für dich genommen hast, und mache weiter mit deinem täglichen Leben. Vertraue darauf, dass der universelle Geist in dir die Frage gehört hat und die Antworten schicken wird. Heute, morgen, nächste Woche oder nächsten Monat.

Halte jeden Tag in der S-Bahn, an der Ampel oder im Büro immer mal wieder für einige Augenblicke inne und lausche deinem Herzen. Welche Wünsche und Träume hat es, die noch verwirklicht und angegangen werden möchten?

Ein Hinweis zu den Antworten: Sie können ganz verschiedener Natur sein. Manch einer ist ganz erfüllt, wenn er sein Gefühl des inneren Friedens über das Musizieren mitteilen kann. Ein anderer entdeckt, dass er am liebsten eine kleine gemütliche Pension leitet, in der die Gäste wirklich entspannen und sich wohlfühlen. Der Nächste möchte sich und der Welt etwas geben, indem er malt, Menschen vernetzt, Tiere pflegt, Permakulturgärten anlegt, meditiert, seine eigenen Herzensqualitäten ausdehnt, mehr im Jetzt lebt, die Dankbarkeit in jedem einzelnen Augenblick des Lebens perfektioniert oder einfach nur das Gefühl der Verbundenheit mit der Natur deutlich spürt, indem er regelmäßig bei Sonnenaufgang auf den Berg, in den Wald oder über die Wiesen wandert.

Was immer es ist – ob es sich über eine äußere Tätigkeit definiert, die dir hilft, dich selbst auszudrücken, oder ob es mehr die Art ist, wie du mit bereits vorhanden Dingen und Situationen umgehst: Alles ist gut. Du wirst es wissen, wenn du dich fragst, was dich am Ende deines Lebens in der Rückschau am zufriedensten machen würde. Das Universum wird dir eine Antwort senden.

Das Spannende an der Übung ist, dass es Großstadt-Millionäre gibt, deren Herz sich danach sehnt, die Natur zu erleben, und Kleinstadtgärtner, deren Herz riesige Friedenspaläste in der Stadt bauen möchte, aber sie trauen es sich nicht zu oder fangen einfach nicht an.

Die Frage hier ist überhaupt nicht die, was objektiv gesehen gut oder toll ist, sondern allein die: Wer bist du, und wie möchte dein Selbst sich in diesem Leben ausdrücken? Manchmal sind da noch Wünsche übrig, die viel größer sind, als du es dir im Moment noch vorstellen kannst, und manchmal sind Wünsche da, die viel kleiner und scheinbar unbedeutender sind, als du je vermutest hättest. Und doch liegt deine größtmögliche Erfüllung darin, ihnen nachzugehen.

Darf es denn wirklich ein bisschen größer sein?

Viele meiner Leser fragen mich, ob es nicht unmäßig ist, das Universum um mehr in irgendeiner Form zu bitten, wenn man doch schon ein gutes Auskommen und relative Sicherheit im Leben hat.

Stell dir vor, DU wärst der Geist der All-Einheit. Und du hättest einer wundervollen kleinen Person die Gabe der Musikalität und eine wunderschöne, im Herzen berührende Singstimme gegeben. Vielleicht wächst nun diese Person in einer Familie von Nichtmusikern auf, und die Eltern raten ihrem Kind, Buchhalter zu werden, weil das ein sicheres Einkommen verspricht. Das Kind denkt, es sollte dankbar sein für alles, was ihm gegeben wird, und es sollte nicht unmäßig um mehr bitten, geschweige denn um etwas so Unwahrscheinliches wie die Gelegenheit, ein professioneller Sänger zu werden.

Erinnere dich, du bist der Geist der Einheit. Wie reagierst du? Bist du erfreut, wenn jemand, dem du eine göttlich reine Stimme gegeben hast, diese nicht nutzt und er nicht singt außer unter der Dusche? – Nein, natürlich nicht. Du sitzt auf deiner Wolke im Himmel und raufst dir vor Verzweiflung die Haare. Aber dann ertönt ein Bimmelton. Das kosmische Telefon klingelt, und hier kommt sie endlich, die Anfrage des kleinen Sängers: »Hallo da oben, irgendwie habe ich das Gefühl, ich würde so gerne Sänger werden. Könntet ihr mir bitte Gelegenheiten und Ideen schicken, wie und wo ich damit starten könnte?«

Würdest du nicht selbst singen und tanzen vor Freude darüber, dass dieser Mensch sich endlich aufmacht, deine wunderbare Gabe, die du ihm in die Wiege gelegt hast, zu nutzen?

Stell dir vor, Luciano Pavarotti oder Placido Domingo wären Buchhalter geworden. Eine Katastrophe, oder? Der gesamte Himmel würde weinen. Und er weint auch, wenn ein genialer Buchhalter statt Buchhaltung zu machen drittklassige Schnulzen singt, und zwar immer einen halben Ton daneben, weil er unbedingt ein Star sein will, um seinen Minderwertigkeitskomplex zu kompensieren. Der Himmel weint genauso, wenn du deine ganz persönlichen Talente und Gaben nicht nutzt!

Frage an dich: Welches Talent von dir kannst du noch zum Einsatz bringen?

Das Thema »ungünstiges inneres Bild von deiner Zukunft« gehört mit hier hinein. Wenn du aus Angst vor Veränderung und Unkenntnis deiner Herzenswünsche deine Zukunftsvisionen gestaltest, können sie nicht wirklich dein vollkommenes Potenzial widerspiegeln. Sobald du dich jedoch den Übungen aus diesem Kapitel und diesem Buch zuwendest, ändert sich deine Vorstellung von der Zukunft automatisch.

Mach einen Test und erinnere dich an etwas im Leben, worauf du wirklich stolz bist, etwas, das dir gut gelungen ist. Hattest du nicht schon längere Zeit davor eine innere Vision davon gehabt? Umgekehrt, wenn etwas schiefgegangen ist, war es nicht womöglich etwas, von dem du auch schon länger befürchtet hattest, dass es sowieso nichts werden würde? Das ist nicht immer so, aber meistens. An die meisten unserer Schöpfungen können wir uns erinnern, wenn wir nur wirklich in uns nachsehen.

Mit einem neuen Zukunftsbild von dir selbst kann dein Leben nicht anders, als neue Bahnen einzuschlagen. Mit vielen dieser Übungen änderst du deine Zukunftsvision automatisch Stück für Stück.

Aktivierung der universellen Intelligenz in uns

Übung A, Teil 1 und 2 sind eine Art Fortsetzung der Selbstliebe-Übung auf höherer Ebene, die selbst schon äußerst wesentlich ist, denn: Die Essenz der universellen Intelligenz ist reine Liebe. Darüber sind sich die meisten Religionen und spirituellen Lehren einig.

Auf meinen Seminaren mache ich allerdings die Erfahrung, dass man wirklich erst mit der Selbstliebe-Übung anfangen muss und nicht gleich mit der unten beschriebenen Übung A ins Haus fallen kann. Die Teilnehmer haben sonst Mühe, sich darauf einzulassen, falls wir überhaupt bis zu dieser Übung kommen. Prüfe für dich, ob du beides praktizieren kannst oder lieber eine Zeit lang mit der Selbstliebe-Übung spielst, bevor du zu dieser hier übergehst. Beziehungsweise, da das Thema so wichtig und erfolgsentscheidend ist, gibt es ja noch Übung B und C dazu. Du kannst auch mit diesen anfangen.

Auswahl des »Arbeitsbegriffs« für diese Übung

Wenn man alle Zutaten nimmt, aus denen eine menschliche Zelle besteht, und sie noch so schlau zusammenmischt, so erhält man doch nie eine menschliche Zelle, geschweige denn einen ganzen Körper. Irgendetwas fehlt.

Immer populärer wird die Auslegung der Quantenphysik, wonach Materie nichts anderes als verdichtete Information und damit letztlich nur ein Gedanke ist.[6] Betrachtet man zudem das ganze Universum auf subatomarer Ebene, so ist alles miteinander verwoben und letztlich alles eins. Es gibt dort keine Trennung mehr zwischen mir, dir, dem Stuhl, auf dem ich sitze, und der Luft, die ich atme. Und nun erzählen uns also moderne Quantenphysiker, dass dieses »All-Eine« Bewusstsein hat.

---

6) Materie besteht aus Atomen und die wiederum aus einem Atomkern und drumherum flitzenden Elektronen. Zuerst glaubte man, die Elektronen seien nichts weiter als Lichtteilchen. Inzwischen geht die moderne Quantenphysik davon aus, dass auch im Atomkern, wenn man genau hinschaut, nichts anderes als Lichtteilchen vorhanden sind. Und noch dazu haben diese materielosen, aber dennoch materiebildenden Teilchen die erstaunliche Eigenschaft, permanent ins Nichts zu verschwinden, wieder aufzutauchen, ins Nichts zu verschwinden, wieder aufzutauchen etc. So zumindest beschreiben es die 14 Wissenschaftler, die in dem geistreichen sowie auch lehrreichen und unterhaltsamen Kinofilm *Ich weiß, dass ich nichts weiß* (*What the bleep do we know*) zu Wort kommen. Den Film gibt's auch als DVD. Wer mehr über diese Auslegung der Quantenphysik wissen möchte, wird hier bestens informiert. Ebenso empfehlenswert ist das Buch *Das bewußte Universum* von Amit Goswami (der auch im Film vorkommt) oder aber *Die Entstehung der Realität – Wie das Bewußtsein die Welt erschafft* von Jörg Starkmuth (erschien 2005 und ist sehr leicht lesbar – siehe unter www.schoepfungsprinzip.de).

Finde einen Begriff, wie du dieses All-Eine für weitere Übungen in Gedanken für dich nennen möchtest. Hier ein paar Vorschläge:

- All-Einheit
- Universum
- Schöpfung
- Ur-Bewusstsein
- Existenz

Wenn du gerne den Begriff Gott verwendest, ist das genauso gut. Ich möchte nur anregen, dass du, wenn du eine Frau bist, den Begriff Göttin benutzt. Denn das ist eines der Probleme, die ich mit dem religiösen Gottesbegriff habe: Gott soll allumfassend sein, wird aber als männlich dargestellt. Damit wird er als ein polarer Teil dargestellt und alles andere als allumfassend. Wie soll ein Mensch sich beim Bild eines männlichen Gottes, womöglich noch mit Rauschebart, All-Einheit vorstellen? Der männliche Part ist nun mal nur ein Teil der All-Einheit. Die eigentliche Gottesenergie ist Mann, Frau, Kind, Greis, dunkel- und hellhäutig, Mensch, Tier, Atom, Zelle, Sonne, Meer, Berge – alles auf einmal.

Wenn du daher an »Gott« denkst, wäre es an sich ratsam, wenigstens immer »Gott/Göttin« zu denken. Das aber hat wiederum etwas Verkrampftes. Also schlage ich vor, den Begriff deinem eigenen Geschlecht anzupassen oder eben einen ganz anderen

Begriff zu nehmen. Durch die religiöse Prägung kann es aber sein, dass Göttin/Gott dir kraftvoller erscheint als andere Begriffe. Dann lass es auch dabei. Was immer ich dazu erzähle, sind sowieso nur Anregungen – herausfinden, was am Schluss für dich richtig ist, sollst du selbst.

Ich verwende im Folgenden ♥ als Platzhalter für den Begriff, den du dir ausgesucht hast.

ÜBUNG A, TEIL 1

»Wir leben in einem Universum, das wir selbst sind.«

(moderne Quantenphysik, Amit Goswami, What the bleep do we know?)

»Auf subatomarer Ebene ist nichts und niemand getrennt von allem anderen. Wir sind alle eins.«

(moderne Quantenphysik)

»Wir sind alle – egal ob bewußt oder unbewußt – Mitschöpfer unserer Realität.«

(Bestellungen beim Universum, Film Bleep, Quantenphysik plus eine Unzahl von Autoren, Lehren alter Kulturen und Mentaltrainer)

»Der einzige Unterschied zwischen einem Genie und einem Durchschnittsbürger ist der, dass das Genie das innere Licht erkannt hat und der Durchschnittsbürger nicht.«

(Universalgenie Walter Russell)[7]

Jeder Gedanke, den wir häufig wiederholen, wird irgendwann Teil unseres Grundlebensgefühls. Die meisten von uns sind es von Kindheit an gewohnt, von sich selbst zu denken, dass sie ein unbedeutender Teil einer mehr oder minder zufälligen Schöpfung sind, die wir so hinnehmen müssen, wie sie ist. Kaum einer wächst auf in dem Gedanken, dass er ein kraftvoller Mitschöpfer seiner eigenen Realität ist. Und kaum einer wächst auf mit einem Lebensgefühl, das ausdrückt: »Wir sollten die Welt nehmen, wie sie ist, aber wir brauchen sie nicht so zu lassen ...«

---

7) Walter Russell konnte nur bis zum Alter von 9 Jahren die Schule besuchen und wurde dennoch berühmt und erfolgreich als Maler, Musiker, Literat, Bildhauer und Architekt. Er berichtet, er habe all diese Dinge geschafft, weil er das innere Licht entdeckt habe, das ihm der beste Lehrer von allen war. Jeder Mensch könne ihm dies gleichtun, so Russell. Man müsse nur das innere Licht (universelle Intelligenz) in sich entdecken. Sie ist in jedem vorhanden, denn wir bestehen aus ihr. *Das Genie steckt in jedem* ist ein Buch von Walter Russell und *Walter Russell – Vielfalt im Einklang* eine Biografie über ihn von Glenn Clark. Beide Bücher sowie ein Fernstudienkurs von Russell sind im Genius-Verlag erschienen.

Mitschöpfer sind wir deshalb, weil wir ja nicht ins Nichts hineingeboren werden, sondern in ein spezielles Umfeld, mit einer bereits vorhandenen Vergangenheit und einer ebenfalls schöpferisch tätigen Gesellschaft von Mitmenschen. Wenn die Mitmenschen gemeinsam »Wasser verdorben, Badesee stinkt« erschaffen, dann muss ich mir etwas Besonderes ausdenken, wenn ich als Mitschöpfer dagegen anstinken – äh, nein sorry, das passt nicht, also besser: dagegen anduften – und »Wasser gesund, Badesee frisch« erschaffen möchte.

Auch wenn heiß diskutiert wird, ob eine Erkältung zwei Wochen oder vierzehn Tage dauert: Ein solches Denken greift ebenfalls schöpferisch in unsere Realität ein. Nur ein gut mit der universellen Intelligenz verbundener Mensch kann aussteigen und sich etwas Neues erschaffen, z. B.: »Erkältung gibt es in meiner Realität nicht« oder: »Erkältungen dauern bei mir nie mehr als drei Tage«!

Wenn ich wieder in die »2-Wochen-Erkältungsphase« reintapse, dann weiß ich definitiv, mir ist unterwegs wieder was verloren gegangen. Dann wird es auch für mich höchste Zeit für diese Übung:

- »Ich bin ♥. Ich bin kraftvolle/r Schöpfer/in meiner Realität.«
- »Ich bin ein/eine liebevolle(r) ♥, gelassen und ruhig, in Balance, und ich habe einen kraftvollen und gesunden Körper.«

- »Ich bin ♥ und daher sowieso ständig mit dem inneren Licht verbunden. Es funktioniert bei mir genauso gut wie bei Walter Russell.«

Stell dich morgens und abends vor einen Spiegel, sieh dir in die Augen und sage diesen oder einen ähnlichen Satz zu dir selbst.

Eine mögliche, dir spontan im Kopf herumspukende **Frage** könnte sein: Waaas? Ich soll ♥ sein? Ist das nicht ein bisschen überheblich?

Antwort: Diese Übung ist nicht nur für dich gemacht. Sie ist für uns alle gemacht. D. h. ich bin auch ♥, du bist ♥, meine Nachbarn sind ♥, meine Kinder sind ♥, meine Verwandten sind ♥, und auch der größte Skeptiker der Welt ist ♥. Alle. Also wieso solltest dann ausgerechnet du als Einziger/Einzige, nicht ♥ sein? ☺

Trick: Wenn du es dir selbst trotzdem nicht so ganz glauben oder erlauben kannst, dann gibt es einen einfachen Trick, dies zu umgehen. Stell dir vor, du spielst nur, ♥ zu sein! Spielen kannst du alles. Im Spiel kannst du Harry Potter, eine Reinkarnation von Hildegard von Bingen, Kermit der Frosch, die All-Einheit oder Buddha sein. Im Spiel kannst du dir auch erlauben, es ganz so zu fühlen, als wäre es real! Damit ist der Teil, der sich noch nicht ganz erlauben kann, ♥ zu sein, beruhigt, denn du spielst ja nur. Deinem Unterbewusstsein, das dies als Wahrheit in deinem Leben umsetzen soll, fällt der Unterschied dagegen kaum auf. Es beginnt brav zu speichern ...

Besonders schlaue **Frage:** Kann ich mir nicht einfach einmal bestellen, das für immer zu sein?

Teilweise ernüchternde **Antwort:** Das ist möglich. Wenn du mit Inbrunst und vor innerer Liebe vibrierenden Überzeugung dabei bist, wenn du dies bestellst, dann ist es auf jeden Fall auch möglich, anderslautende und in deinem unterbewussten Speicher versenkte Programme komplett zu löschen und mit dieser neuen Botschaft zu überschreiben.

Erinnere dich an den Tag, an dem deine Eltern dir eröffnet haben, dass es den Nikolaus nicht wirklich gibt. Diese Enthüllung hat – aufgrund der Autorität deiner Eltern und der anderen Erwachsenen – bei dir so reingehauen, dass du ab sofort die neue Wahrheit übernommen und nie wieder an ihr gezweifelt hast. Oder nicht?

Wenn du genauso überzeugt von der Wahrheit deines Wahlsatzes bist und davon, dass alles ♥ ist, also auch du, dann kann er genauso endgültig in dir verankert werden. Menschen, die in Meditationen oder besonderen Situationen eine persönliche sogenannte Gotteserfahrung machen, brauchen meist keine Wiederholung mehr. Für sie ist ab sofort dies

Realität und fertig. Und nicht viel später geben sie vermutlich Darshans und Satsangs, bauen einen Meditationstempel und bemühen sich, diese Wahrheit für andere ebenfalls fühlbar zu machen. Lästerliche Nachbarn spotten, dass derjenige nun plötzlich den Guru spielt, wie sehr sich manche von diesen Menschen auch bemühen mögen, nur das Gefühl von All-Einheit weiterzugeben, die uns alle einschließt.

Wenn du also dich selbst dabei beobachtest, wie Gedanken und Gefühle im Stile von »Ich bin ein armseliger Armleuchter und ein bedauernswerter Wicht, und wahrscheinlich ist schon wieder alles ganz furchtbar« in dir hochschwappen, dann gibt es offenbar einen Teil in dir, der noch immer an den Nikolaus (d. h. die alte Wahrheit) glaubt. Etwas in dir ist noch nicht ganz überzeugt, dass es wirklich und wahrhaftig real ist, dass alles eins und alles ❤ ist.

Was also tun, um uns selbst zu überzeugen und das alte Muster endgültig zu deinstallieren?

ÜBUNG A, TEIL 2

Die Erinnerungsübung!

Erinnere im Geiste und auf Seelenebene jeden Menschen, der dir begegnet, daran, dass er eigentlich ❤ ist. Das ist ganz ähnlich wie die Übung aus dem Selbstliebe-Kapitel, bei der du einen Monat lang in jedem die Schönheit der Seele siehst. Diese Version geht aber von der Erlebnistiefe noch ein wenig darüber hinaus. Denn nun siehst du wirklich All-Einheit und ♥ in jedem.

Die Süddeutschen und alle Landstriche, in denen sich die Menschen mit »Grüß Gott« begrüßen, haben es sogar ganz besonders leicht dabei. »Ich grüße das Göttliche in dir«, kannst du ab sofort jedes Mal denken, wenn dir im Grüß-Gott-Sprachraum jemand begegnet. Sieh demjenigen in die Augen. Na ja, außer er guckt gerade stur nach unten oder an dir vorbei. Wir packen ihn natürlich nicht an den Ohren und murmeln beschwörend: »Sieh mich an!« Sieh deinem Gegenüber in die Augen, wenn das auf einfache, natürliche Weise möglich ist.

Augen können, wie schon bei der Selbstliebe-Übung beschrieben, Tore ins Universum sein. Und andere Menschen sind nur ein Spiegel für das, was wir auch in uns finden können. Indem wir das Universum in unseren eigenen Augen finden, erscheint es uns öfter in den Augen der anderen, und indem wir es in den Augen der anderen suchen, finden wir es in uns selbst. Wenn wir täglich Menschen in die Augen sehen in der Absicht, das Göttliche, Universelle, die All-Einheit in ihnen zu erblicken, dann sehen wir tatsächlich von Monat zu Monat tiefer.

Sieh einen Menschen an mit dem Gedanken: »Na Doofi«, und du brauchst dich nicht zu wundern, wenn er kurz darauf eine wenig intelligente Bemerkung macht. Sieh ihn oder sie an mit dem Gedanken: »All-Einheit grüßt Universum, Gott grüßt Göttin«, und du brauchst dich nicht zu wundern, wenn dir in Kürze der Ruf nacheilt, dass du das gewisse Etwas hast und von einem Flair tiefer Liebe zu allem umgeben bist.

Vor- und Nachteil dieser Übung

Je intensiver du diese Übung praktizierst, desto mehr werden die Menschen sich von dir angezogen fühlen. Warum: Weil sie wie du sind. Würdest du gerne Zeit mit einem Menschen verbringen, in dessen Gegenwart du dich von innen heraus, vom großen Zeh bis zu den Ohren und in die Haarspitzen, wohlfühlst? Bei dem du auf magische Weise immer wieder das Gefühl hast, etwas Besonderes und wertvoll zu sein? Möchtest du an deine eigene Göttlichkeit erinnert werden, sodass sie wie ein warmer Schauer von innen spürbar wird? – Ja? Die anderen auch! Indem du übst, sie mit dem ♥-Erinnerungsblick (ich erinnere uns beide an ♥ in uns) anzusehen, werden sie, je weiser und wärmer dein Blick wird, um so tiefer erinnert werden.

Der wunderbare Vorteil: Vom Tankwart bis hin zum Bäcker und Kollegen etc. werden alle erfreut lächeln, sobald du auftauchst (oder zumindest dann, wenn dir der ♥-Erinnerungsblick gerade besonders gut gelungen ist). Ein kleiner Nachteil: Nicht alle Menschen werden in ihren Entscheidungen vorwiegend von Dankbarkeit und Wertschätzung geleitet.

Es gibt auch Sauger, Kletten und Ähnliches. Für diese wirst du dir eine ganz persönliche neue Übung einfallen lassen müssen: Die Übung, dich respektvoll abzugrenzen. Folgender Gedanke kann hilfreich sein: »Du bist ♥ genauso wie ich. Es kann nicht sein, dass du mich brauchst, um ganz oder heil zu werden. Du brauchst ♥. Und ich traue dir zu, es in deinem Inneren anstatt im Außen oder gar in mir zu finden!«

Und wenn du den Menschen einen Tipp geben möchtest, dann kannst du ihnen raten herauszufinden, was sie gerne tun, und mehr davon zu tun. Wohlfühlgefühle und Freude sind Wegweiser zu unserer ♥-Realität.

ÜBUNG B

Mach dir klar, dass wir NICHT üben müssen, spirituelle Wesen zu sein, denn das sind wir sowieso. Wir müssen allenfalls üben, unser höchstes Potenzial als Mensch zu leben. Es geht also nicht darum, spiritueller und weniger irdisch zu werden, **sondern darum, mithilfe unseres ewigen spirituellen Wesens mehr aus dem irdischen Dasein zu machen**, denn das ist das eigentliche Abenteuer und das eigentliche Wunder. Es geht nicht darum, so abgehoben zu werden, dass die Steuererklärung sich – simsalabim – von alleine erledigt, sondern darum, dass wir unser spirituelles Wesen so in den menschlichen

Körper integrieren, dass wir die Steuererklärung für ein tolles Spiel halten und sie gerne machen!

Der Sufismus nennt es: »**Werde, was du schon immer bist.**«

Diese Übung stellt daher eine 20-minütige »Cosmos-Connection« unter Miteinbeziehung deines physischen Körpers her. Indem du beides verbindest, dein spirituelles ewiges Selbst und deinen irdischen Körper, kannst du das Gefühl für dein wahres Selbst wieder mehr in deinem Körper verankern. Und wenn du dein spirituelles Wesen im Körper wahrnimmst, kannst du auch mit ihm kommunizieren. Es ist ein weiterer kraftvoller Schritt für deine »Standleitung zur kosmischen Bestellzentrale«. Ein Schritt zum bewussten statt dem unbewussten Bestellen, das du niemals aufhörst zu praktizieren. Denn ein spirituelles Wesen hat nun mal die Eigenschaft, dass sich sein Sein ständig irgendwie ausdrückt und Realität erschafft.

Diese Übung ist am intensivsten im Stehen. Entspannungsmusik dazu ist okay. Halte die Handflächen nach oben gerichtet und bitte das Universum, seine Energie aus Ihnen herausfließen zu lassen. Dann fängst du irgendwo am Körper an und legst dir selbst die Hände auf. Dazu sagst oder denkst du: »Universelles Bewusstsein (oder ♥-Bewusstsein – nimm deinen Begriff) und vollkommenes Heilsein auf allen Ebenen, von jedem Atom bis in jede Zelle, an dieser Stelle und im ganzen Körper.« Stell dir vor, wie die Energie zunächst an dieser Körperstelle unter deinen Händen fließt und sich dann von dort aus in den ganzen Körper und alle Energiekörper ausdehnt. Dann legst du die Hände auf die nächste Stelle, ein paar Zentimeter weiter, auf und sagst oder denkst wieder diesen Satz oder einen anderen, solltest du dir selbst einen formulieren wollen.

Wenn du dies mit Aufmerksamkeit und Achtsamkeit machst und darauf achtest, dass du jede Stelle zumindest kurz wirklich gefühlt hast, brauchst du etwa 20 Minuten, bis du den ganzen Körper durch hast. Wenn andere Gedanken oder innere Prozesse dabei in dir vorgehen, beobachte sie nur, finde sie wertfrei interessant. Das bist einfach du, beobachte dich. Und dann kehre zur Übung zurück. Danach kannst du dich kurz hinlegen oder setzen und nachspüren.

Diese Übung kann sehr intensiv und effektvoll sein und viel in deinem Körper und deinem Lebensgefühl ändern. Außerdem wirkt sie stark entspannend, entstressend und verbindet dich mit deinem Wesenskern.

ÜBUNG C

Diese Übung ist ganz einfach. Ist es nicht so, dass wir das arme Universum meist nur dann anrufen, wenn wir wieder mal ein Problem haben? Meine Güte, müssen die das manchmal leid sein da oben.

Wer ruft denn mal an, um schöne Erlebnisse und große Freuden im Leben mit dem Universum zu teilen? – Wie wäre es mit uns beiden, dir und mir? Wir rufen an, okay?

Immer, wenn es dir besonders gut geht, du ein besonders schönes Gefühl hast oder du etwas Wunderbares erlebst, denk daran und telefoniere in Gedanken mit dem Universum: »Liebes Universum, komm doch mal her und schau, wie wundervoll dies und jenes ist. Ich möchte dich an meiner Freude teilhaben lassen.«

Use it or lose it (nutze es oder verliere es). Das gilt für Fähigkeiten aller Art – Muskeln, Organe und auch für unsere Intuition und unseren Draht nach oben. Je öfter du nach oben telefonierst mit der Absicht, die All-Einheit zu spüren, desto besser wird deine Leitung zum Universum. Außerdem verstärkt es das Gefühl, dass das Universum unser guter Freund ist, wenn wir auch unsere Freuden mit ihm teilen.

Bestellen für Fortgeschrittene

Ein Mann bat Gott um ein neues Auto. Er wünschte sich einen VW Golf und wollte nichts dafür bezahlen: »Lieber Gott, der du so groß bist und die endlose Kraft besitzt, bitte gib mir einen VW Golf!« 20 Jahre später gewann dieser Mann einen VW Golf in einer Lotterie. Am selben Abend noch betete er zu Gott und dankte ihm. Dennoch konnte er sich eine Frage nicht verkneifen: »Lieber Gott, der du so groß bist und die endlose Kraft besitzt, sage mir doch, warum hast du 20 Jahre gebraucht, um mir diesen VW Golf zu liefern?« Kaum hatte er die Frage ausgesprochen, erschien ein großes helles Licht, der Himmel öffnete sich, und eine Stimme antwortete: »Wir hatten einen Cadillac für dich eingeplant, aber da du auf dem Golf bestanden hast, mussten wir umbauen, und das hat 20 Jahre gedauert …«

Diese Geschichte ist für fortgeschrittene Besteller gedacht. Denn bestellen tut jeder. Schauen wir uns die typische »Bestell-Karriere« einmal genauer an:

1) Am Anfang bestellt oder erschafft man seine Realität meist völlig unbewusst gemäß seiner inneren Muster, Prägungen, Einstellungen, Gefühle und Gedanken.

2) Dann erfährt man, dass es innere Muster gibt und dass die innere Einstellung etwas mit dem zu tun hat, was einem im Außen begegnet. Das Leben ist ein Spiegel unseres Inneren. Aha! Erste Versuche mit Umprogrammierungen, bewusster Gedankenhygiene oder verschiedenen Arten von positivem Denken werden unternommen oder erste Bestellungen beim Universum aufgegeben. Man lernt, seine Wünsche positiv zu formulieren (»Liebes Universum, ich bestelle mir nette Kollegen« anstatt: »Weg mit den ewig blöden Kollegen«), und erkennt, dass die eigentliche Kraft bei jeder Formulierung in dem inneren Bild liegt, das man hat (nette oder blöde Kollegen), nicht nur in den Worten. »Denke nicht an einen rosa Elefanten« klappt nicht, man denkt sofort daran.

3) Man übt bereits eine Weile, und siehe da, es klappt. Auf gute Parkplätze in der Innenstadt hat man schon ein Dauerabo, und auch eine Reihe von weiteren Bestellungen hat schon hervorragend geklappt. Das Vertrauen ins Universum wächst. Aber entweder wollen die großen Bestellungen nicht kommen oder Stagnation stellt sich irgendwann ein.

Eine Zeit lang werden Riesenpakete zugestellt, und plötzlich geht gar nichts mehr.

Wenn das passiert, hat man die nächste Ebene erreicht. Man hat nämlich die oberste Schicht von Zweifeln, völliger Unbewusstheit und unkontrolliert negativen Gedanken abgetragen und ist bewusster, aufmerksamer und auch feinfühliger geworden. Und nun meldet sich mehr und mehr die Seele. Sie möchte, dass wir auch auf der Gefühlsebene aufräumen und uns unseren Herzenswünschen nähern. Und: Auf dieser Ebene möchte die Seele selbst mitbestellen, und sie möchte dir meist mehr liefern, als du dir mit deinem kleinen Verstand ausdenken kannst!

Du denkst VW Golf, weil es das Tollste ist, was du dir im Moment vorstellen kannst, aber die Seele bestellt Cadillac. Du wünschst dir den Sekretärinnenjob in deiner Traumfirma, und die Seele weiß, du wärst die ideale Abteilungsleiterin, etwas, das du dir aber noch nicht zutraust. Was nun?

Am Anfang ist es notwendig, seine Wünsche möglichst detailliert zu formulieren. Erstens, um die alten Muster außer Kraft zu setzen, und zweitens, um sehr konkret die Erfahrung zu machen, dass es funktioniert und dass tatsächlich das Universum seine Hand im Spiel hat.

Sobald du aber mehrfach fühlbaren Kontakt mit dieser Kraft hattest und sich wieder ein Gefühl von

Vertrauen zum Leben einstellt, solltest du umformulieren und deiner Seele mehr Spielraum zum Mitbestellen lassen.

Beispiele:

- Anfänger bestellen einen Partner oder eine Partnerin mit 30-Punkte-Liste und genauer Beschreibung, wie der- oder diejenige sein soll. Fortgeschrittene bestellen: »Liebes Universum, ich bestelle einen Partner/eine Partnerin, mit dem/der ich glücklich bin und der/die mit mir glücklich ist.«
- Anfänger bestellen eine genaue Automarke, Fortgeschrittene bestellen die betreffende Automarke mit dem Zusatz »oder besser«, oder sie bestellen einfach nur »das Auto, an dem ich die größte Freude hätte und das für den und den Zweck am besten geeignet ist«.
- Anfänger bestellen Geld, Fortgeschrittene bestellen das, was sie mit dem Geld machen wollen. Also den Urlaub, mehr Freizeit, eine größere Wohnung oder was auch immer statt eines konkreten Geldbetrages. Das Leben kennt nämlich weit mehr Wege als du, um dir das Passende zu beschaffen. Längst nicht immer ist dazu Geld nötig.

- Anfängern schickt das Universum genau das Bestellte, um ihr Vertrauen zu stärken. Aber das Leben wäre nicht mehr das Leben, wenn es uns nicht mehr überraschen würde. Am Anfang überrascht es uns damit, dass die Lieferungen meist von völlig unerwarteter Seite kommen, später überrascht es uns mit Lieferungen, die zu bestellen uns selbst nie und nimmer eingefallen wäre.

Die Bestellung hinter der Bestellung

Sobald du ein bisschen über das absolute Anfängerniveau hinauskommst, sind die folgenden beiden Übungen spannend. Du kannst damit die »Bestellung hinter der Bestellung«, das was du dir eigentlich wünschst, deinen Herzenswunsch oder auch den Wunsch der Seele ergründen.[8]

ÜBUNG A

Notiere dir dazu auf einem Zettel möglichst viele Wünsche und Bestellungen, die du im Leben schon

---

8) Während meiner Seminare führt meist Dieter M. Hörner (jahrzehntelanger Profi-Trainer mit einem sehr individuellen, humorvollen Stil) die erste der Übungen auf besonders kreative und lebendige Art durch. Auf ganz ruhige und spirituellere Art führt Waliha Cometti (siehe www.waliha.ch/) ähnliche Übungen durch, und auch das Buch *Herz öffnen statt Kopf zerbrechen* von Safi Nidiaye widmet sich letztlich demselben Thema.

hattest. Ob es unerfüllte oder bereits erfüllte Wünsche sind, ist egal. Aber je wichtiger der Wunsch dir ist oder war, desto besser.

Nun fühle einmal in diese Wünsche hinein. In Wirklichkeit wünschen wir uns doch alle immer nur, glücklich zu sein. Hast nicht auch du mit diesen hier notierten Wünschen die Vorstellung von Glück verbunden? Was war das Gefühl hinter den jeweiligen Wünschen, das du dir eigentlich bestellt hast? Oder anders gefragt: Wenn du das Gewünschte bekommst (oder als du es bekommen hast, bei schon gelieferten Sachen), wie fühlst du dich dann?

Ein Beispiel: Manche Menschen bestellen sich beim Universum ihren Traumjob. Für den einen kann dieser Job das Gefühl von Freiheit repräsentieren, für einen anderen vielleicht ganz das Gegenteil, nämlich Sicherheit, der nächste wiederum sehnt sich nach dem Traumjob, weil es ihn nach Anerkennung dürstet.

Die Verpackung (Traumjob) des Wunsches ist gleich, aber dahinter verbirgt sich jeweils eine ganz andere Hauptbestellung (das ersehnte Gefühl).

Mach dir eine Liste der Gefühle hinter den Bestellungen, um die es dir eigentlich geht. Und dann kannst du diese Gefühle ganz direkt mit einem schönen, selbst erdachten Ritual (Kerze, Mondschein, kleine Entspannung, Lieblingsmusik) beim Universum bestellen. Das Universum umfasst nämlich eine unendliche Fülle an Möglichkeiten. Und es kennt noch viel mehr Wege, dir deine Wunschgefühle zu senden, als auf die beschränkte Weise, die du dir vorstellen kannst.

Fortgeschrittene bestellen in einer Extra-Bestellung den Wunsch hinter dem Wunsch, nämlich das eigentlich gewünschte Lebensgefühl, und dann vertrauen sie auf die wunderbaren Überraschungen dazu. Das kann der in dem kleinen Witz erwähnte Cadillac sein, ein völlig überraschender neuer Job bis hin zu einer neuen inneren Einstellung und einer veränderten Wahrnehmung der Dinge – eben alles, was dich näher an dein Wunsch-Lebensgefühl bringt.

ÜBUNG B

Diese Übung trainiert zugleich auch die Feinwahrnehmung. Wobei diese auch bei allen Augenkontaktübungen (siehe z. B. Selbstliebe-Übung) stark mittrainiert wird.

Du brauchst einen gemütlichen Sitzplatz, Entspannungsmusik und die Gewährleistung, 30 Minuten lang von nichts und niemandem gestört zu werden. Nimm dir Zeit, dich zu entspannen. Beobachte eine Weile lang nur deinen Atem und lass dich in Gedanken von der Musik tragen.

Nun lege deine Hände auf dein Herz und spüre, wie es sich anfühlt. Wenn du es eine Weile gefühlt hast, stell dir vor, du könntest eine energetische

Kopie deines Herzens aus der Brust herausnehmen und vor deiner Brust in deinen beiden Handflächen halten. Hierbei gibt es kein Richtig oder Falsch, sondern nur ein zwangloses Spiel mit der Fantasie in deinen inneren Bildern.

Wenn du dir deine energetische Herzkopie in deinen Handschalen vorstellst – wie fühlt sich das an? Weich, schwer, durchlässig, undurchlässig, elastisch, spröde? Hat es Risse, Dornen oder Kanten in deiner Fantasie? Folge einfach nur spielerisch den in dir auftauchenden Bildern.

Dann stell dir vor, du lädst den universellen Geist, das Göttliche, die All-Einheit, alle Englein, Schutzgeister und alle Liebe der Welt mit in den Raum ein. Bitte sie, deinem Herzen in deiner Hand all das zu geben, was es braucht. Bitte sie, es falls nötig zu reparieren, zu stärken, zu glätten, zu heilen, mit Licht aufzuladen oder was auch immer die Liebe des gesamten Universums in diesem Moment für passend erachtet.

Während das Universum all dies tut, kannst du deine Aufmerksamkeit ganz von dem Herzen abwenden. Überlasse diesen Job vertrauensvoll der All-Einheit (zur Erinnerung: die Natur tendiert zur Harmonie) und konzentriere dich darauf, Harmonie, Gelassenheit und Selbstliebe in deinem Inneren zu beobachten und damit zu stärken.

Es kann toll sein, wenn du dazu ein Mantra oder dein Lieblingslied mitsingst. Das würde allerdings voraussetzen, dass du die ganze Zeit schon Mantren hörst, weil CDs-Wechseln in diesem Moment nicht angesagt ist. Es würde dich und das Universum nur aus deiner Schwingung rausholen, und du müsstest die Energiekopie deines Herzens irgendwo ablegen. Also wenn, dann gleich mit Mantren starten.

Wenn nach einer Weile das Universum deinem Gefühl nach fertig ist, kannst du wieder in die Energiekopie deines Herzens in deinen Händen hineinspüren. Gibt es einen Unterschied? Tauchen in deiner Fantasie und in deinen inneren Bildern neue Vorstellungen von deinem Herzen auf, wie es sich jetzt anfühlt?

Wenn du findest, du hast genug erspürt, dann stell dir vor, dass du jetzt die Energiekopie deines Herzens wieder in deine Brust hineingleiten lässt. Das Energieherz legt sich über dein physisches Herz. Bitte dein physisches Herz laut, dieses Geschenk des Universums anzunehmen.

Zum Abschluss kannst du noch einige Momente deine Hände auf der Brust über dem Herzen lassen und spüren, ob auch das physische Herz nun irgendwie anders schlägt oder sich anders in deinem Körper anfühlt. Dann atme wieder tief durch und öffne die Augen.

Wenn du dein Herz gelegentlich so pflegst und verwöhnst, dann wird es dir bald leichter fallen, seine Wünsche zu hören und spüren. Übrigens lässt sich diese Übung auch mit allen anderen Organen durchführen.

Während meiner Lebensfreude-Seminare machen wir diese Übung immer zu zweit. Man erhält dann die Energiekopie des Herzens seines Gegenübers und bittet den universellen Geist und die Energie der Liebe, das Herz des Gegenübers aufzuladen. Wann immer mehrere Menschen gemeinsam Energieübungen machen, verstärkt sich der Effekt noch einmal, und die Konzentration fällt uns meist auch wesentlich leichter.

Vielleicht hast du ja auch Freunde, mit denen du diese Übung gemeinsam machen kannst. Toll ist die Erfahrung, wenn beide Herzen ganz ähnlich wahrnehmen.

Bonustrack[9] 1

Ein positives Verhältnis zu Geld herstellen

Geld ist eine Energieform und ein Tauschmittel. Punkt. Was wir darüber hinaus damit machen, unabhängig von dem, was andere damit machen, ist allein unsere Sache.

Mit einer Verwandten von mir habe ich vor Jahren eine Visionsübung gemacht, bei der sie sich zunächst vorstellen sollte, wie ihre Schulden mehr und mehr schrumpfen, bis sie bei Null gelandet sind. Als wir an den Punkt kamen, an dem sie sich positive Beträge, ganz ohne Schulden, auf ihrem Konto vorstellen sollte, fing sie an zu schwitzen und total unruhig zu werden. Sie konnte sich Plus auf

---

9) Sogenannte Bonustracks gibt es oft auf Musik-CDs. Ich habe diese letzten Übungen spaßeshalber so genannt, weil die Themen nicht direkt in meiner "Klappt-klappt-nicht-Liste" vorkommen, ich sie aber trotzdem in diesem Zusammenhang wichtig finde.

dem Konto in keiner Weise vorstellen. Woher kommt eine solche innere Prägung, die nur Minus zulässt?

Es gibt zwei Wege, Geld zu verdienen: Der eine besteht darin, anderen Menschen in irgendeiner Form Geld wegzunehmen (die Konkurrenz unfair ausboten, anstatt einfach selbst gut zu sein, Kunden wider besseres Wissen etwas Unnützes aufschwatzen etc.). Der andere Weg ist der, kreativ neuen Reichtum für alle zu schaffen. Wie das geht, dazu habe ich in anderen meiner Bücher schon ein bisschen was geschrieben. Am besten aber bringt es Wallace Wattles in seinem über 50 Jahre alten Klassiker *Das Gesetz des Reichwerdens* auf den Punkt. Hier möchte ich mich jedoch auf Übungen zum Verbessern unseres Verhältnisses zu Geld ganz allgemein beschränken.

Ein kurzes Wort zu Tauschwährungen und Alternativwährungen aller Art: Da gibt es eine Menge toller Ansätze. Nach meiner Überzeugung sollte man allerdings zuerst einmal Frieden mit dem Geld schließen. Denn wenn ich mich nicht auch über Geld freuen kann, sondern auf das Geld und das System schimpfe, verausgabe ich damit meine ganze Energie. Das, worauf ich schimpfe, stärke ich nämlich energetisch. Es bekommt meine ganze Aufmerksamkeit. Und nicht einmal eine Tauschwährung funktioniert auf einer Anti-Geld-Basis. Aber auf einer Geld-ist-auch-gut-es-kommt-drauf-an-was-ich-damit-mache-Basis kann ich auf positive Weise

Tauschwährungen aufbauen helfen, wenn ich mag, und das Geld hilft mir noch dabei!

Mutter Teresa sagte immer, sie gehe nicht auf Anti-Kriegs-Demonstrationen. Diese gäben nur alle Energie dem Krieg. Sie komme nur, wenn es eine Pro-Friedensdemonstration sei. Mit dem Geld und den Tauschwährungen verhält es sich genauso.

Keine Übung, aber ein allgemeiner Tipp: Wenn du Geld sparst, spare nie für die Not, sonst bekommst du Not. Spare lieber für finanzielle Unabhängigkeit oder Fülle im Alter, für ein Haus, Auto, Urlaub – was auch immer. Aber nicht für die Not. Spare für das, was du haben willst, nicht für das, was du nicht willst. Das geistige Gesetz der Aufmerksamkeit gilt auch beim Geld!

ÜBUNG A

Wenn wir Geld nur mit Schuld- oder Stressgefühlen annehmen können, schaltet sich ein unbewusster Mechanismus ein, der mehr und mehr dazu führt, dass wir nicht davor zurückschrecken, uns Geld mit Dingen zu verdienen, die wir eigentlich nicht für gut und richtig halten. Diese Art des Geldverdienens passt dann so richtig zu unserer negativ resignativen Haltung gegenüber dem Geldeinnehmen generell.

Hier ein paar Beispiele für negative – meist unbewusste – Gefühle und heimliche Hintergedanken beim Geldeinnehmen:

- »Schon wieder so wenig. Ich werde es wohl nie schaffen, genug zu verdienen.«
- »Haha, nur immer her mit der Kohle. Sie ist zwar unmoralisch und schlecht, aber ich will trotzdem ganz viel davon.«
- »Geld ist unanständig, also ist auch Geldannehmen und -verdienen unanständig. Ich nehme es nur, weil ich es zum Leben brauche, aber ich mag es eigentlich nicht.«
- »Nie bekomme ich genug.«
- »Mehr bin ich nicht wert.«

Je mehr wir dagegen Geld mit einem guten Gefühl und mit Freude einnehmen können, desto mehr tun sich uns auf wunderbare Weise neue Wege auf, wie wir Geld auf positive Weise zum Wohle des Ganzen verdienen können.

Beispiele für positive Gedanken beim Geldeinnehmen:

- »Liebes Geld, ob viel oder wenig, sei herzlich willkommen bei mir.«
- »Freudig nehme ich dieses Geld als Ausdruck des Energieausgleichs entgegen.«

- »Das Universum sorgt dafür, dass ich immer das bekomme, was ich verdient habe. Wenn Einzelne mich unterbezahlen, dann wird es mir andere schicken, die mich überbezahlen und damit einen Ausgleich schaffen. Ich kann daher jeden Betrag in Dankbarkeit entgegennehmen.« (Das hat nichts mit unterwürfigem Hinnehmen von schlechter Bezahlung zu tun. Du kannst dich immer für eine angemessene Bezahlung einsetzen, aber wenn dich dieser Einsatz am Schluss mehr Kraft kostet, als er je bringt, dann danke lieber für das wenige und vertraue der All-Einheit, dass sie dir das, was dir zusteht, von anderer Seite zuführen wird.)
- »Geld ist ein gern gesehener Gast bei mir.«
- »Jeder Energieausgleich erfreut mich. Geld oder sonstige Tauschmittel sind alle etwas Schönes.«

Beim Geldausgeben verhält es sich ganz ähnlich. Je negativer unsere Gefühle dabei ...

- »Eigentlich kann ich mir das gar nicht leisten.«
- »Mist, schon wieder eine Ausgabe.«
- »Das ist ja viel zu teuer. Unverschämtheit.« (Überprüfe, ob es nicht irgendwo anders etwas Ähnliches gibt, für das du dein Geld mit mehr Freude ausgibst!)

- »Sorge, Jammer, Schmerz. Hoffentlich wird mir am Ende des Monats noch genug übrig bleiben.«
- »Okay, dann drücke ich mal wieder die Kohle ab.« (Ein Ausdruck fehlender Dankbarkeit und mangelnden Respekts, wenn man »Kohle« statt »Geld« sagt und keine Freude daran hat.)

... desto stärker wird der unbewusste Mechanismus, der uns erst recht unnötig und viel zu viel Geld für unnütze Dinge ausgeben lässt. Zwei Drittel unseres Bruttosozialprodukts sollen angeblich durch Frustkäufe erwirtschaftet werden. Zu solchen lässt manch einer sich verleiten, um seine unerfüllten Sehnsüchte zu kompensieren, ein anderer Grund ist ein völlig unreflektiertes Verhältnis zum Geld.

Sätze beim Geldausgeben wie ...

- »Ich freue mich, dieses Geld wieder dem Geldfluss übergeben zu können.«
- »Wie schön, dass ich mir das leisten kann.«
- »Liebes Geld, tue Gutes und kehre mit vielen Brüdern und Schwestern wieder zu mir zurück.«

... verändern unser Verhältnis zu Geld total. Automatisch investieren wir zunehmend sinnvoller, wenn der Grad der Bewusstheit steigt. Zum dankbar bewussten Geldausgeben passt eben kein unbewusster Frustkauf.

Ein positives Gefühl beim Geldausgeben führt zu mehr Bewusstheit dafür, WIE ich Geld ausgebe und für was. Und ein positives Gefühl beim Einnehmen führt zu mehr Bewusstheit dafür, WIE und womit ich das Geld verdiene. Auf scheinbar magische Weise liefert mir das Leben neue Verdienstmöglichkeiten, weil meine inneren Qualitäten sich verändert haben.

Ein positives Verhältnis zum Geld ändert die Qualität des Umgangs damit. Und es löscht die negative, angstvolle Anhaftung daran. Uns wird wieder klar, dass Geld nur ein Tauschmittel ist. Plötzlich wird der Weg frei für zusätzliche andere Tauschmittel. Solange wir vor Angst vor Geld vergehen oder es für die alleinige Wurzel allen Übels halten, nähren wir diese Vorstellung mit unserer Energie und geben ihr ungewollt unsere Kraft. Da ist dann kein Platz mehr für einen neuen Umgang mit Geld und kreative Alternativen.

Das ist wie mit der Selbstliebe-Übung: Wenn du deine Schwächen annehmen und lieben kannst, verlieren sie die Macht über dich. Wenn du das Geld annehmen und positive Gedanken beim Einnehmen und Ausgeben haben kannst, dann verliert auch das Geld die Macht über dich.

Mein Lesetipp zum Thema: Bernard Lietaer: *Das Geld der Zukunft!*

Du kannst also üben, jedes Mal, wenn du Geld einnimmst oder ausgibst, dies mit positiven Gefühlen zu verbinden.

ÜBUNG B

Diese Übung kennst du vielleicht schon aus meinen anderen Büchern. Zur Erinnerung eine kleine Zusammenfassung:

Oft verbinden wir mit dem Begriff des Geldes die Vorstellung von großen Schwierigkeiten, und außerdem sind wir auch nicht wirklich so verliebt darin, bunt bedruckte Scheine zu sammeln, sondern das Geld ist ein Symbol für etwas. Es ist daher sinnvoll, wenn wir uns überlegen, was wir denn mit dem Geld tun möchten, und genau das zu bestellen. Z. B. mehr Freizeit, bessere Wohnverhältnisse, bessere Ausbildung für die Kinder, eine alternative Selbstzahler-Gesundheitskur etc.

Wenn du dir unbedingt Geld bestellen möchtest, dann überlasse es wenigstens dem Universum, auf welchem Weg es dir dieses Geld senden möchte, und beschränke dich nicht auf Sätze wie: »Liebes Universum, bitte sende mir einen Sechser im Lotto!« Kannst du dir vorstellen, wie viele Tausend Menschen wöchentlich so etwas bestellen, irgendeinen Voodoo-Zauber und magische Simsalabims über dem Lottoschein sprechen, um nur ja einen Sechser zu bekommen. Wenn das Universum die alle wunschgemäß beliefern würde, bekäme man für einen Sechser nur noch drei Euro fünfzig, weil es so viele Gewinner gäbe.

Obwohl, der Wahrheit halber gestehe ich: Keine Regel ohne Ausnahme. Erst letzte Woche kamen bei einem Vortrag in der Schweiz zwei Freundinnen Arm in Arm auf mich zu, weil die eine mir feierlich von ihrer letzten Bestellung berichten wollte. Sie war Inhaberin eines Unternehmens mit über Hundert Mitarbeitern. Wenn die Firma mal nicht so gut lief und im Geldbeutel nicht mehr als rund fünfzig Schweizer Franken vorzuweisen waren, hatte die Bank sie bereits mehrmals heimgeschickt mit dem Kommentar, dass sie nicht gut genug wäre, um einen Dispositionskredit zu bekommen. Und so hatte sie Null Dispo auf dem Firmenkonto. Privat hat sie allerdings zwei Häuser mit einer Gesamthypothek von 615.000,- SFR.

Die Bank drohte in jedem flauen Monat damit, ihr die beiden Häuser abzunehmen, wenn sie es mit der Firma nicht schaffen sollte. Irgendwann kam sie mal wieder tief enttäuscht von der Bank und sandte eine entschlossene Bestellung in den Kosmos: »Liebes Universum, so geht das nicht weiter. Was gehen diese Widerlinge meine beiden privaten Häuser an?! Bitte gib mir Geld, damit ich die Kredite abbezahlen kann und damit ich weiß, dass ich keinen von meinen Mitarbeitern entlassen muss, sondern die Firma entspannt weiterlaufen lassen kann. Wie wäre es mit einem Sechser im Lotto?«

Zwei Tage lang spielte sie dann auch tatsächlich, immer noch wild entschlossen, mit einer Freundin zusammen Lotto. Es war das zweite Mal im Leben, dass sie das tat. Die nächste Ziehung kam und mit ihr die riesengroße Überraschung. Sie hatte tatsächlich einen Sechser im Lotto – und: bitte anschnallen: Dieser Sechser brachte ihr haargenau 615.000,- SFR ein. Ist das zu glauben?

Sie ist dem Universum sehr, sehr dankbar und hat das Geld auch umgehend zur Abzahlung der Kredite und für nichts anderes genutzt. Und sie hat ihre Bank gewechselt. Denn obwohl der Bankangestellte plötzlich fürchterlich freundlich wurde, ist nun ihr diese Bank nicht mehr gut genug. Es tat einfach gut, das nach all der Zeit sagen zu können, und ich kann sie gut verstehen.

Sie hat von dem Gewinn nur mir (und ich halte den Namen geheim) und ihren vier engsten Vertrauten erzählt. Aber die Angestellten haben schon festgestellt, dass die Chefin neuerdings irgendwie entspannter und so seltsam gelassen ist, besonders wenn sie mal zur Bank muss …

»Aha, also doch«, magst du jetzt denken. »Nichts wie in die nächste Lottoannahmestelle und den Sechser bestellen …« Überlege dir, ob du auch schon so klare und dem Allgemeinwohl dienende Pläne (wie in obigem Fall die Firma mit all ihren Angestellten) dafür hast wie die erwähnte Dame. Und vielleicht könntest du ja wenigstens dazubestellen: »Das gewünschte Geld darf per Lotto oder auf einem anderen erfreulichen Weg kommen.« ☺

ÜBUNG C

Ein besonderer Trick, um den Erfolg zu beschleunigen, ist es, wenn du das »Wunschgefühl hinter dem Geld« ebenfalls mitbestellst. Und überlege dir, wie in dem Kapitel »Die Bestellung hinter der Bestellung« bereits erwähnt, wie du dich fühlen würdest, wenn du so viel Geld verdienen würdest, wie du es dir idealerweise vorstellst. Wie würde dein Leben aussehen, und welches Gefühl hättest du dabei? Für den einen kann Geld Freiheit bedeuten, für den anderen Sicherheit, und für wieder einen anderen bedeutet es Anerkennung. Was ist dein Wunschgefühl hinter dem Wunsch nach Geld?

Bestelle das Gefühl mit, wenn du dir notierst, was du mit dem Geld machen möchtest, und das bestellst du dann.

ÜBUNG D

Dieser Punkt gehört eigentlich noch zur Übung A dazu: Bezahle möglichst jede Rechung, die du erhältst, sofort. Am besten noch am selben Tag. Vergiss den Gedanken, du würdest irgendwelche Zinsen sparen, wenn du erst in vier Wochen zahlst. Den gesparten Zins ziehen dir das Universum und dein Unterbewusstsein an anderer Stelle gleich wieder ab. Zum einen lassen sie dich auf die Begleichung deiner offenen Rechnungen genauso lange warten, und zum anderen hast du energetisch ständig irgendwo Schulden, selbst wenn es nur lauter Kleinbeträge sind.

Außerdem ist es einfach unoriginell. So viele Leute zahlen ihre Rechnungen erst nach sechs Wochen, obwohl ein Zahlungsziel von vier Wochen vereinbart ist. Was passiert, ist doch ganz logisch: Der Lieferant oder Dienstleister ist über einen solchen Kunden zumindest unbewusst frustriert und hat das Gefühl, dass seine Arbeit wenig wertgeschätzt wird. Verlass dich drauf, dass er sich nie vor Eifer überschlagen wird, wenn du mal Sonderwünsche hast. Wieso sollte er das auch – bei einem Kunden, der ihn ständig zwei Wochen hängen lässt?

Probier doch mal das Gegenteil aus. Ich kann dir aus eigener Erfahrung sagen, es wirkt Wunder. Wenn man sofort zahlt, ist man bislang meist noch der Einzige auf weiter Flur. Auch wenn man die Zeit mal etwas überziehen muss, aber in der Firma anruft und um Verständnis bittet, verhält man sich definitiv ungewöhnlich im positiven Sinne. In so einem Fall haben der Dienstleister oder der Lieferant das Gefühl, dass dieser Kunde ihre Arbeit wirklich wertschätzt.

Und rate, was passiert, wenn DU als Sofortzahler anrufst und Sonderwünsche hast? Auf der Stelle werden die Aufträge der Zahlungssäumigen liegen gelassen und als Erstes dein Sonderwunsch erledigt. Das kann sich richtig lohnen. Ich habe von diversen Handwerkern schon Arbeiten geschenkt bekommen, die weit über jede Zinsersparnis von spät bezahlten Rechnungen hinausgehen. Die machen das einfach gerne, weil sie glücklich sind, dass ein Kunde ihre Rechnungen sofort zahlt.

Und was passiert, wenn ich mal eine Rechnung total verschlampe und aus Versehen gar nicht zahle? Wenn ich ein Spätzahler bin, sieht das Erinnerungsschreiben etwa so aus: »Mahnung. Zahlen Sie bitte umgehend, sonst sehen wir uns gezwungen … Säumniszuschlag, Zinsen, etc. Soundsoviel.« Bin ich hingegen ein Expresszahler, dann lautet die »Mahnung« eher so: »Lieber Kunde, wir haben den Eindruck dass Ihnen eine unserer Rechnungen abhanden gekommen ist. Da Sie sonst immer zu unseren Schnellzahlern gehören, dürfen wir Sie bitten, noch mal nachzusehen. Und selbstverständlich berechnen wir Ihnen keinerlei Säumniszuschläge, da wir sicher sind, dass es sich um ein Versehen handelt. Mit allerherzlichsten Grüßen, Firma xy.«

Wer früher zahlt, spart auf Dauer mehr. Das ist meine Überzeugung.

Bonustrack 2

Glück aushalten lernen

Das Thema dieser Übung klingt möglicherweise für den einen oder anderen absurd. Aber es ist trotzdem kein Witz. Es handelt sich hierbei um eine Blockade, die weiter verbreitet ist als man denkt, und vielleicht betrifft dies auch dich und springt dich als Thema an, wenn du dich auf der Skala individuellen Glücksempfindens erst einmal weit genug »hochbestellt« hast.

Fragen zu diesem Thema kommen oft von Lesern, bei denen schon fast alles optimal zu laufen scheint: Job, Beziehung, Gesundheit einigermaßen, Wohnung, Kinder lieb etc. Auf einmal schleicht sich da so ein glibberiges, grünes, fettes, grässliches Monster von hinten an, tippt ihnen auf die Schulter und raunt mit unheilschwangerer Stimme: »Wehe dir!«

»Ich kann nicht glauben, dass ich das verdient habe. Das hat doch niemand. Also wieso ich? Je länger es anhält, desto mehr Schuldgefühle habe ich allen anderen gegenüber.«

»Als ich noch nichts hatte, ging es mir jeden Tag gleichmäßig schlecht. Aber wenigstens hatte ich nichts zu verlieren. Jetzt habe ich eigentlich alles, aber täglich Angst, es wieder zu verlieren. Ich kann mein Glück gar nicht genießen.«

»Zu viel Glück ist nicht real. Das kann nicht lange anhalten. Unglück ist realer. Schau dich doch nur um auf dieser Welt ...«

»Ich bin sehr christlich erzogen worden. In mir schlummert immer noch die Überzeugung, dass ich mich versündige, wenn ich rundum gerne lebe. Dazu ist das Leben schließlich nicht da, sondern zum Abbüßen von Sünden.«

»Wenn ich viel unglücklich bin, habe ich das Gefühl, ich tue meine Pflicht, und niemand kann mich kritisieren. Aber seit ich ‚erschreckend und ungewohnt oft' Grund zum Glücklichsein habe, tauchen immer wieder von hinten wie aus dem Nichts böse glibberige Monster auf, Gefühle also, dass ich das nicht darf und dass es unmoralisch ist, Glück zu haben.«

»Ich habe mich selbst beobachtet und habe festgestellt, dass ich bei zu viel Glück existentielle Ängste bekomme. Gibt es wirkliches Glück nicht nur im Himmel? Immer, wenn alles zu gut läuft, habe ich Angst, dass das auf der Erde nicht erlaubt ist, und ich fürchte, dass ich gleich sterben werde!«

Dies sind einige Stimmen von meinen Seminarteilnehmern der letzten Jahre zum Thema »Angst vor zu viel Glück«.

Was glaubst du? Jetzt in diesem Moment! Egal, wie hoch oder niedrig das Glücksempfinden in deinem gegenwärtigen Leben gerade ist: Ist es in Ordnung, ein individuell glückliches und erfülltes Leben auf allen Ebenen zu leben? Ist es okay für dich, wenn du glücklich mit deiner Gesundheit bist? Das muss ja nicht absolute Gesundheit sein, denn das haben laut Statistik nur 0,7 Prozent der Weltbevölkerung. Es wäre sicher schade, wenn nur die glücklich wären. Oft ist man daher auch einfach glücklich über deutliche Verbesserungen oder ein unverwüstliches Mindestniveau an Gesundheit.

Das ist sicher okay, oder?

Aber was ist, wenn du dazu auch noch glücklich mit deiner Partnerschaft und deinen Freunden bist? Ich vermute fast, das ist bei den meisten auch noch okay.

Jetzt kommen die ersten echten Herausforderungen: Ist es okay, wenn du nicht nur gesund und glücklich liiert bist, sondern auch noch einen Job hast, der dich total erfüllt und mit dem du ebenfalls rundum glücklich und noch dazu völlig ungestresst bist?

Spür genau hin, bevor du antwortest. Wenn du so einen Traumjob hast, hebst du dich nämlich von mindestens 90 Prozent aller Menschen ab. Du setzt dich womöglich Neid und Frustrationen der anderen aus.

Es mag gerade noch gehen, wenn du »nur« deinen Job liebst, aber nicht viel Geld damit verdienst, sondern wenn er mehr wie ein bezahltes Hobby anmutet. Aber was, oh weh, wenn du mit deinem Lieblingsjob richtig gut verdienst?

Claus David Grube, Autor von *Das Zen der ersten Million*, schreibt, der größte Hemmschuh, um finanziell wohlhabend zu werden, sei der Neid der anderen. Fast jeder habe massive Neider in seinem engsten Umfeld, und man habe Angst, »nicht mehr dazuzugehören«, weshalb man aufs Reichwerden lieber verzichtet.

Reich zu werden ist für das Glück auch sicherlich nicht nötig. Was, wenn es aber bei dir gerade mal so sein sollte? Traumjob und dann auch noch super bezahlt. Ist es okay, so viel Glück zu haben?

Stell dir eine Person vor, die relativ gesund ist, eine gute Beziehung hat, einen total erfüllenden Job und viel Geld. Wie fühlst du dich dieser Person gegenüber? Freust du dich für sie? Freut es dich zu sehen, dass so etwas möglich ist? Oder kommt automatisch der Gedanke, so viel Glück könne es gar nicht geben und da müsse irgendwo ein Haken sein? Argwöhnst du automatisch, dass dabei mehr Schein als Sein beteiligt ist und dass die Person ein düsteres Geheimnis verbirgt?

Wie viel Glück hältst du für möglich?

ÜBUNG A

Wenn du zu der überwiegenden Mehrheit gehören solltest, denen Gesundheit, Glück in der Liebe und ein Traumjob mit Traumbezahlung unrealistisch oder unecht vorkommen, dann beschreibe jetzt auf einem Blatt Papier eine Glückskonstellation, die dir gerade noch realistisch erscheint. Quasi maximales Glück, das nach deiner jetzigen Vorstellung wirklich dauerhaft für dich lebbar sein könnte.

Wie wäre es mit folgendem Beispiel: Ein Heilpraktiker ist mit einer Heilpraktikerin verheiratet. Die beiden lieben ihren Job und sind erfolgreich darin, weil sie gute Genesungserfolge haben. Ihnen geht es richtig gut, aber sie sind keine Millionäre. Sie geben ihr Glück auch weiter und behandeln, wenn es nötig ist, auch mal umsonst.

Die Beziehung ist ein echter Sechser im Lotto, aber gelegentlich kracht es auch mal ordentlich. Da die beiden aber Erfahrung in Therapie und Persönlichkeitsentwicklung haben, können sie mit Krisen gut umgehen und schnell wieder zum Familienfrieden zurückfinden. Als gute Heilpraktiker gelingt es ihnen auch, sich selbst und ihre Kinder mit ihrem Wissen überwiegend gesund zu erhalten. Das wäre doch denkbar, oder?

Geh von deinem Leben aus und formuliere das maximale Glück, das du dir JETZT vorstellen kannst. Du kannst dieses Blatt an einem sicheren Ort aufbewahren und die Übung jedes Jahr wiederholen. Vielleicht wächst deine maximale Glücksvorstellung ja jedes Jahr ein bisschen, wenn du beispielsweise die Selbstliebe-Übung regelmäßig praktizierst. Denn eines ist sicher: Mehr Glück, als du für möglich hältst, kann in deinem Leben auch nicht möglich werden.

Trick: Notiere auf deiner Liste für maximal erreichbares Glück ein klein wenig mehr als das, woran du im Moment wirklich glauben kannst ...

Q

Achtung Quicky

Jetzt kannst du es schon selbst!

ÜBUNG B

»Irgendwie habe ich das Gefühl, dass bei so viel Glück der Absturz hinterher um so schlimmer wird, und ich warte schon in Panik jeden Tag darauf, aus welcher Richtung er kommen wird«, formulierte eine Leserin. In Momenten höchsten Glücks verdirbt sie sich dieses gleich selbst wieder, weil sofort der Gedanke aufkommt: »Meine Güte, je höher der Aufstieg, desto steiler der Abstieg!«

Aber weder muss es so kommen noch muss man so denken, finde ich. Lass uns zuerst nachschauen, wieso nicht, und dann eine Übung machen, um Restzweifel auszuräumen. ☺

Leben in Wellenform

Nach höchstem Glück kommt tiefer Absturz? Hast du vielleicht bisher im Leben geschwankt zwischen supertraurig und traurig? Warum dann nicht auch schwanken zwischen rundum glücklich und einem gewissen Maß an Zufriedenheit mit nur gelegentlichen Stimmungsabfällen? Und selbst wenn es wieder zu Stimmungsabfällen kommen sollte: Du verlierst einfach nie mehr das Vertrauen, dass auf Regen wieder Sonnenschein folgt und dass dieser in deinem Leben überwiegt.

Übung: Übe, dich an den kleinen Dingen des Lebens zu freuen. Sei dankbar für das Wetter, die Straße, einen alten Lieblingsschuh, den geerbten Stuhl von der Urgroßtante, gemütliche Stunden mit deinen Liebsten, für Nähe, Freundschaft und dafür, dass du einen physischen Körper hast. Wenn du auch aus kleinen Dinge Glück und Freude gewinnen kannst, dann spielt der Verlust der großen keine solche Rolle mehr.

Wenn du deine größte Freude an der Nähe und Freundschaft zu anderen hast, welche Rolle spielt es, ob ihr in einer Hütte oder einem Palast wohnt? Sicherlich wirst du dich auch am Palast erfreuen. Aber dein Unterbewusstsein schlägt zu Recht Alarm, wenn dein Glücksempfinden hauptsächlich von diesen großen und allzu vergänglichen Dingen abhängt. Erfreue dich an der Selbstliebe-Übung, an ♥ und an der ganzen Welt, und die Angst vor Verlusten wird nachlassen.

ÜBUNG C

Kommen dir Existenzängste bei zu viel Glück? Kennst du das vielleicht noch aus der Kindheit: Wenn ich mich zu sehr freue, bekomme ich eins auf den Deckel? Oder gären tief in dir religiöse Vorstellungen wie etwa die, dass dauerhafte Glücksgefühle nur im Jenseits zu haben wären? Erinnere dich doch mal an das Verliebtsein. Wochenlang schwebt man dabei auf Wolke Sieben. Aber um dauerhaftes Glück in einer Partnerschaft zu erleben, hat man richtig was zu tun. Ohne Arbeit an sich selbst, Selbstreflektion, Weisheit, Verständnis und ein offenes Herz geht da gar nichts.

Das ist mit allem Glück so. Ich glaube, dass es unsere wahre Aufgabe ist, dauerhaft glücklich auf Erden zu sein, allerdings glaube ich auch, dass dies das Entwickeln einer ganzen Reihe von inneren Qualitäten erfordert. Und die können wir nur hier entwickeln, nicht im Jenseits.

Was also tun? Du kannst z. B. die im Anhang zum Thema »Ängste auflösen« von R. Franke beschriebene Klopftechnik verwenden, um Fehlprogrammierungen über das Meridiansystem wegzuklopfen (dauert nur wenige Minuten). Neu einklopfen kannst du dir die Formel: »Glück ist erlaubt, und ich entwickle jetzt die nötigen Qualitäten, um ab heute dauerhaftes Glück auf Erden leben zu können.« Oder du bastelst dir gemäß der allerersten Übung des Buches einen Sketch zu genau diesem Satz.

Oder nimm dir eine Stunde Zeit für dich ganz allein. Mach es dir gemütlich und entspanne dich bei deiner Lieblingsmusik. Geh in Gedanken deine Erinnerungen durch und ändere sie. Stell dir vor, wie deine Eltern sich statt zu meckern mit dir freuen! Alle tanzen und hüpfen in deinem neuen Erinnerungsbild vor Freude. Du kannst dich fragen, was deinen Eltern gefehlt hat, dass sie nicht in der Lage waren, dir mehr Freude mitzugeben. Sende ihnen dieses Gefühl oder diese fehlende Qualität (Selbstvertrauen, Selbstliebe, Verbundenheit mit ♥ etc.) aus deinem Herzen heraus in die Vergangenheit.

Solche einfachen Übungen können Muster aus deiner Vergangenheit vollständig transformieren. Wenn es sich für dich gut anfühlt und du eingehender mit solchen emotionalen Ausgleichsübungen arbeiten möchtest, um uralte Wunden zu heilen, findest du im Anhang eine Adresse dazu (unter der Überschrift »Ängste auflösen«).

ÜBUNG D

Halte Ausschau nach Menschen, die viel Glück haben, und konzentriere dich darauf, dich für sie zu freuen. Hege bewusst Gedanken wie:

»Schön zu sehen, dass es das gibt.«

»Ich freue mich für dich.«

»Ich wünsche dir viel Segen und dass du dein Glück in vollen Zügen genießen kannst.«

Wenn du anderen Menschen Glück aus ganzem Herzen gönnen kannst (Übe dies, wenn du die Absicht hast, dich mehr und mehr dahin zu entwickeln, selbst ein Glückspilz zu sein, dann hast du die besten Aussichten darauf.), wirst du dir mehr und mehr Freunde unter den glücklichen Menschen machen. Und – das ist der Trick an der Sache: Dein Unterbewusstsein kann nicht oder kaum unterscheiden, ob deine Freude dem anderen gilt, dem du sein Glück gönnst, oder dir selbst. Es registriert lediglich: »Ach, wir freuen uns über viel Glück? Ja, soso, aha, aber wo ist es denn? Da werde ich doch gleich mehr Glück ranschaffen müssen, irgendwas scheint mir entgangen zu sein. Schnell ausgleichen, mehr Glück erzeugen, damit die Wahrnehmung wieder zu dem passt, was ist …«

Außerdem trägst du automatisch dazu bei, das Glück auf der Erde auszubreiten. Und ist das nicht das höchste Glück, wenn einfach alle glücklich sind? Dann brauchst du dich auch viel weniger zu fürchten, dass du dein Glück verlieren könntest, wenn sowieso alle den gleichen Glücksstandard haben!

Das Beste, was du für dein Glück tun kannst und dafür, dass du es dir selbst erlauben kannst, ist, wenn du es allen anderen auch wünschst und dich über jedes Anzeichen von Glück bei anderen freust.

Bonustrack 3

Die Krone der Weisheit

Vor Jahren hatte ich eine Zeit lang Dauerkrach mit einem Freund. Der Typ ist vom Sternzeichen »Störrischer Esel« und eine echte Katastrophe. Leider mochte ich ihn trotzdem, sonst hätte ich ihn schon lange aus meinem Bekanntenkreis aussortiert. Nach diesem Krach jedenfalls hätte ich ihn in der Luft zerreißen können, und ich verbrachte viele Stunden des Tages damit, mich ausgiebig über ihn zu ärgern.

Dein vorletzter Quicky in diesem Buch!

Diese Übung hätte ich damals auch gut gebrauchen können …

Nach zwei Wochen war es immer noch so, dass sich zwischendurch Tage einschlichen, an denen ich wieder ganze Stunden damit verbrachte, ihn in Gedanken zu zermalmen. Allmählich störte es mich selbst. Ich wollte endlich fertig werden mit dem Geärgere, aber alle »Friede-sei-mit-dir«-Gedanken erwiesen sich als fruchtlos, obwohl es mir schon oft geholfen hat, mit diesem Satz an jemanden zu denken, der mich gerade ärgert. Es gelang mir diesmal aber nicht, ihm den Frieden von Herzen zu wünschen. Insgeheim, quasi höchst geheim vor mir selbst, wollte ich ihn doch lieber in der Hölle schmoren sehen.

Was tun? Ich bat das Universum um Hilfe. Kurz darauf fiel mein Blick auf eines der *Gespräche mit Gott*-Bücher von Neale Donald Walsch. Ich schlug es irgendwo auf, und mein Blick fiel auf den Satz:

»Handle so, als ob du von nichts und niemandem getrennt wärst, so als wäre alles eins und als wäre alles du – dann wirst du deine gesamte Welt morgen geheilt haben.« (bzw. ich habe das englischsprachige Original, aus dem ich diesen Satz ins Deutsche übersetzt habe)

Hhhm, was will mir das in dieser Situation sagen? Mir kam der Gedanke, dass ich selbst ab und zu ja auch einigen Bockmist anstelle – dass ich mich aber nie so ausgiebig über mich selbst ärgere wie gerade über diesen Freund. Ich verzeihe mir selbst meinen Bockmist schneller als anderen den ihren. Wieso eigentlich?

Ich dachte noch eine ganze Weile darüber nach und kam zu dem Ergebnis, dass ich mir selbst auch nicht aus »Großmut mir selbst gegenüber« verzeihe, sondern lediglich, weil ich mir selbst so schlecht entkommen kann. Wenn ich mir nicht verzeihen würde, wäre der Schaden deutlich größer als der Nutzen. Schließlich muss ich mich von morgens früh bis abends spät selbst aushalten. Es wäre blöd, wenn ich 24 von 24 Stunden sauer auf mich selbst wäre. Womöglich würden mich die Füße nicht mehr zum Sofa tragen, wenn ich dorthin will. Oder sie würden in die falsche Richtung joggen. Vielleicht würden gar die Hände sich weigern, mir etwas Essbares in den Mund zu schieben, wenn ich Hunger habe.

In gewisser Weise entspricht es rein strategischer Vernunft, dass ich mir selbst schneller verzeihe. Gegen abwesende andere Menschen kann ich stundenlang Groll hegen, ohne dass ich dadurch ernsthafte Nachteile für meinen eigenen Komfort erleben würde. Solange ich mindestens im kooperativen Waffenstillstand mit mir selbst bin, ist meine Freiheit – scheinbar – nicht eingeschränkt.

Bei näherer Betrachtung ist meine Freiheit aber sehr wohl eingeschränkt. Es verdirbt mir schließlich den ganzen Tag, so lange vor mich hinzugrollen. Und an dieser Stelle machte der Satz von Neale

Donald Walsch eine Menge Sinn. Ein paar Tage später sah ich mir bei einem anderen Freund auf Video den Film *What dreams may come* mit Robin Williams an. Der gab dem Ganzen noch eine weitere Dimension.

In dem Film stirbt Robin Williams und landet im Jenseits. Er wundert sich zunächst, wieso im Jenseits alles aus Ölfarbe besteht. Egal, wo er hinlangt, er greift immer in Ölfarbe. Die Blumen, das Meer, der Himmel, alles besteht aus Ölfarbe. Er wundert sich allerdings nur so lange, bis er begreift, dass im Jenseits die Gedanken das Reale sind, und das Physische ist die Illusion. Dieses Jenseits ist groß genug, auf dass jeder sich sein eigenes Universum mit allem darin kreieren kann. Und da er kurz vor seinem Tod zu einigen besonderen Ölgemälden eine starke emotionale Bindung gehabt hatte, fand er sich nun entsprechend in einer Welt als Ölgemälde wieder.

Vor dem Hintergrund des Satzes: »Handle so, als ob du von nichts und niemandem getrennt wärst, so als wäre alles eins und als wäre alles du – dann wirst du deine gesamte Welt morgen geheilt haben« brachte dieser Film mich ins Grübeln: Was wäre, wenn entweder dies hier das Jenseits wäre und ich hätte es nur noch nicht gemerkt oder wenn in diesem Diesseits, falls es das Diesseits ist, ebenfalls die Regel: »Die Gedanken sind das Reale, das Physische ist die Illusion« herrschen würde? Was wäre, wenn diese Welt mit allem Drum und Dran mein persönliches, privates Universum wäre, das ich ganz allein geschaffen hätte? So wie Robin Williams sich in dem Film einen Planeten aus Ölfarbe geschaffen hatte, weil er im »wirklichen« Leben Ölgemälde geliebt hatte.

Vielleicht ist alles hier mein Universum, und ich weiß es nur noch nicht. Jede Schönheit, jede Hässlichkeit, jeder Glücksfall, jede Katastrophe. Was, wenn ich da eine Kleinigkeit verpasst habe, und dies ist das Jenseits, und alles habe ich nur für mich selbst erfunden und kreiert? Dann müsste es für jedes Atomkraftwerk, das einen Werksunfall hat, eine Entsprechung in meinem Inneren geben. Denn wenn dies mein ganz persönliches Universum ist, dann habe ich mir alle Ereignisse, alle Länder und alle Menschen, Tiere und Pflanzen zu meiner Unterhaltung und als Spiegel meines inneren Zustandes geschaffen. Dann müsste ich leider aufhören mir einzubilden, dass in einer Welt, die von lauter Bärbels bevölkert wäre, nur Friede, Freude, Eierkuchen herrschen würde.

Jeder Krieg, der sich in meinem Universum ereignet, muss in dem Fall aus mir selbst kommen. Alles Schöne und die unglaubliche Vielfalt, die Gestirne, Galaxien und Milchstraßen, Regenwälder und Gänseblümchen allerdings auch. Wow, wäre ich dann vielfältig!

Es ist eigentlich vollkommen egal, wie verrückt diese Vorstellung ist, sie ist der Hit, und sie war für mich wochenlang sowohl der »Gipfel der Weisheit« als auch »die Krone der Schöpfung« und der Ausweg aus meinem Dauergroll. Denn wenn nichts hier real ist, weder der Labtop, auf dem ich gerade schreibe, noch die Musik aus dem Wohnzimmer noch dieser Freund vom Sternzeichen »Störrischer Esel«, dann kann ich mich total entspannen. Dann kann mir nichts davonlaufen, und nichts kann mir entgleisen. Wenn der alte Esel in mir selbst entstanden ist, dann ist es Quatsch, auf ihn sauer zu sein, weil er ja nur eine Fantasie von mir ist. Er ist ja gar nicht real. Das einzige Reale in meinem Jenseits-Universum bin ich. Alles andere ist Illusion.

Ich weiß nicht, ob ich mich gut genug ausdrücke, damit – ja wer eigentlich??? – mir folgen kann. Die anderen sind dann nur andere Ichs, aus mir selbst entstanden.

Vorhin habe ich festgestellt, dass ich es relativ einfach finde, mir zumindest insoweit zu verzeihen, dass ich nicht den ganzen Tag laut auf mich selbst schimpfe. Wenn aber nichts und niemand real ist, sondern alles und alle nur meine Fantasieprojektionen sind, die ich mir aus meinem Inneren heraus, durch meine innere Haltung, selbst geschaffen habe, dann ist es genauso einfach, nicht den ganzen Tag auf andere zu schimpfen, weil es auf einmal dasselbe ist, wie auf mich selbst zu schimpfen. Es wäre ja albern, erst etwas zu kreieren und dann ärgerlich auf meine eigene Kreation zu sein.

Auf einmal bin ich ganz direkt und ohne Umwege nett zu mir selbst, wenn ich nett zu anderen bin. Ich bin ja damit nur nett zu meiner Jenseits-Fantasieproduktion in meinem eigenen Universum. Und wenn ich gerne hätte, dass die Umwelt im Außen aufgeräumt wird, dann brauche ich nur an meiner inneren Kurbel zu drehen und meine innere Absicht zu verändern, dann fangen sofort die Fantasiefiguren meines persönlichen Traumuniversums an, dementsprechende Änderungen und Problemlösungen im Außen vorzunehmen.

Das ist das Nächste, was ich gerade ausprobiere. Egal, wohin ich gehe, was ich mache, wem oder was ich begegne: Ich stelle mir vor, dies wäre das Jenseits oder ein Traum und alles wäre von mir verursacht. Auf einmal wird alles viel bunter und interessanter. Ich bin viel neugieriger auf alles und finde alles viel aufregender. Ich komme mir vor, wie das Baby mit dem Mobile.

Baby mit dem Mobile? Ja sicher, das ist auch so eine geniale Traumprojektion meines jenseitigen Selbst. Einige äußere Erscheinungen meiner inneren Zustände, die sich Forscher nennen, haben Versuche mit Babys gemacht. Sie haben zwei Gruppen von Babys beobachtet. Beide Gruppen hatten ein Mobile über ihren Bettchen hängen. Bei den Babys der Gruppe A war ein Bewegungsmelder ins Kopfkissen eingebaut. Immer wenn ein A-Baby eine

Bewegung mit dem Kopf machte, bewegte sich auch das Mobile über seinem Kopf.

Gruppe B hatte keinen Bewegungsmelder im Kopfkissen. Stattdessen waren die B-Mobiles mit dem Bewegungsmelder der A-Babys verbunden. Bei den A-Babys bewegte sich das Mobile also immer dann, wenn das Baby sich selbst bewegte. Dies verursachte die Bewegung des Mobiles, das es ansah. Die Bewegung der B-Mobiles wurde hingegen von der Bewegung der A-Babys verursacht. Die B-Babys sahen also ein Mobile über ihrem Bett rotieren, das mit ihren eigenen Bewegungen nichts zu tun hatte.

Die A-Babys jauchzten jedes Mal vor Freude, wenn das Mobile über ihrem Bett sich bewegte, denn sie hatten schnell herausgefunden, dass sie selbst dies verursachten. Die B-Babys, die keine Verursacher waren, fanden dagegen das Mobile über ihrem Bett sterbenslangweilig und sie guckten auch kaum hin.

Ich fühle mich derzeit jedes Mal, wenn der bewusste Satz mir einfällt, wie ein A-Baby. Es ist regelrecht aufregend, sich vorzustellen, dass man alles, was man erlebt, direkt selbst verursacht und erfunden hat. Wenn es irgendwer anders war, dann ist es langweilig. Je mehr man sich selbst als Verursacher empfindet, desto interessanter wird alles, was einem begegnet. Das Mobile wackelt und das A-Baby fragt sich: »Ui, wie habe ich das gemacht?« Eine Bekannte kocht mir ein leckeres Essen mit lauter Zutaten, auf die ich nie gekommen wäre, und ich frage mich: »Ui, wie habe ich das gemacht?«

Ich glaube, Neale Donald Walsch hat recht: Sobald wir uns von nichts und niemandem mehr getrennt fühlen, werden wir die Welt in einem Tag heilen können, von allem, was es zu heilen gibt.

Drei kreative Bestell-Erlebnisse von Lesern

Wie schon erwähnt, musst du deinen Draht nach oben auch nutzen, damit er gut »geschmiert« wird und auch in schwierigen Fällen funktioniert. Es ist daher gut, die Verbindung durch kleine Bestellungen lebendig zu erhalten. Immer nur Parkplätze zu bestellen ist nicht so furchtbar kreativ. Hier daher drei Beispiele als Anregungen dafür, wie man entweder kreative Dinge bestellen oder kreativ mit der Lieferung umgehen kann.

Eine Leserin schrieb mir, dass sie gerne Kunst studierten wollte. Leider hatte sie kein Geld dafür. Also gab sie eine Bestellung beim Universum auf. Kurz darauf fand sie heraus, dass die Möglichkeit bestand, ein Stipendium zu bekommen, wenn man besonders begabt war. Bei der Anmeldung zum Auswahltest dafür wurde ihr allerdings wenig Hoffnung gemacht. Es käme nur etwa einmal in sieben Jahren vor, dass einer ein Stipendium bekomme, hieß es. Und das bei 700 bis 800 Bewerbern jährlich!

Sie wollte den Versuch aber trotzdem wagen und füllte das entsprechende Formular aus. Ihr wurde gesagt, dass sie zwei Testfächer ankreuzen müsse. Da sie »Freie Kunst« studieren wollte, kreuzte sie auf jeden Fall schon mal das an. Aber was das zweite Fach anbelangte, war sie ratlos. Da fiel ihr Blick auf das Fach »Visuelle Kommunikation«. Was in aller Welt ist das denn? fragte sie sich. Sie hatte noch nie davon gehört. Lediglich aus einem verrückten kleinen Impuls heraus und weil sie außer Freier Kunst sowieso nichts interessierte, kreuzte sie dies als zweites Fach an.

Der Tag des Testes kam. Sie machte den Test für Freie Kunst, und das Ergebnis war bei Weitem nicht gut genug für ein Stipendium. Allerdings stand noch der Test in Visueller Kommunikation aus. Nur aus formellen Gründen nahm sie daran teil. Und schloss mit weitem Abstand als die Beste ab! Ihr wurden überragende künstlerische Fähigkeiten auf diesem Gebiet bescheinigt, und sie bekam das Stipendium. Wow! Da war sie aber platt.

Nachdem sie bereits eine Weile studiert hatte, sandte sie ein dickes Dankeschön ans Universum. Denn Freie Kunst, die sie im Nebenfach studiert, ist wirklich nicht ihr Ding, während sie voller Begeisterung ganz in Visueller Kommunikation aufgeht. Schade, dass sie mir nicht dazu geschrieben hat, was es ist. Ich weiß es bis heute nicht. ☺

Dieser Leserin würde auch ich jederzeit eine hervorragende Kreativität bescheinigen – und zwar im Umgang mit den Gelegenheiten des Lebens!

Dein letzer Quicky in diesem Buch!

Mach dir für »das Leben nach diesem Buch« Quicky-Erinnerungszettel und lege sie in den Geldbeutel, klebe sie an den PC usw.

* * *

Ein kleiner Junge hatte vergessen, seine Hausaufgaben zu machen. Als es ihm einfiel, war er aber schon so müde, dass seine Mutter es nicht übers Herz brachte, ihn noch länger wach zu halten, obwohl er sehr in Sorge war, dass die Lehrerin schimpfen würde. Was sollte die Mutter tun? Sie hatte einen kreativen Einfall: »Lass uns doch bei deinem Wunschfänger-Engel (eine Bestell-Variante für Kinder) bestellen, dass du morgen früh eine halbe Stunde früher aufwachst als sonst. Dann kannst du die Hausaufgaben noch vor der Schule machen.«

Der Kleine schlief erleichtert ein. Seine Mutter hatte allerdings ernsthafte Zweifel und sah sich in

Gedanken schon eine Entschuldigung für die Lehrerin schreiben. Die Norm war nämlich, dass sie ihr Söhnchen allmorgendlich dreimal wachrütteln musste, bevor er endlich, noch völlig schlaftrunken, aus dem Bett kroch.

Am nächsten Tag jedoch kam die Überraschung. Lange bevor der Wecker klingelte, stand Sohni putzmunter an Mamis Bett und rüttelte sie wach: »Mama, Mama, der Wunschfänger-Engel hat mich geweckt. Ich mach jetzt die Hausaufgaben.«

***

Eine Freundin von mir arbeitet selbstständig halbtags, ist alleinerziehend und hat drei Kinder. Sie hat bisher nie viel Geld. An Zeit für den Haushalt fehlt es auch. »Eine Haushaltshilfe bräuchte ich«, dachte sie sich. »Aber kosten darf sie natürlich nichts. Universum kannst du mir nicht eine kostenlose Haushaltshilfe schicken?«, fragte sie mehr spaßeshalber.

Eine Woche später kam eine Kundin in ihr Geschäft und legte gleich los: »Sagen Sie mal, hätten Sie nicht eine Idee, wo ich meine Tochter unterbringen kann? Sie besucht gerade die Haushaltsschule und muss für ein Jahr ein Praktikum in einem Haushalt machen. Sie muss dort zweimal die Woche für zwei bis drei Stunden mithelfen. Alles, was die betreffende Familie tun müsste, wäre, ihr ein paar Anleitungen zu geben. Deswegen wäre es natürlich für die Familie kostenlos …«

Tja, da ging natürlich ein großes Strahlen durch das Gesicht meiner Freundin, und so ist sie an ihre kostenlose Haushaltshilfe gekommen. – Irre kreativ das Universum, oder?

Es lohnt sich, öfter mal mehr als nur Parkplätze zu bestellen. Das Universum liefert immer so, dass es zum Wohle aller ist. Denn die kostenlose Haushaltshilfe war mit ihrem Praktikumsplatz auch sehr zufrieden. ☺

Anhang

An zwei Stellen im Text erwähnt ist ein Trainer- und Autorenkollege von mir, der Manager und Hochleistungssportler betreut: **Clemens Maria Mohr** (nein, wir sind kein bisschen verwandt, die Namensgleichheit ist rein zufällig). Seine Homepage ist:

www.clemensmariamohr.de

Ebenfalls im Text erwähnt ist **Dieter M. Hörner**. Auch er ist seit über 20 Jahren professioneller Trainer. Die Firma Positiv Factory organisiert auch viele Seminare.

www.positiv-factory.de

www.dietermhoerner.de

Clif Sanderson ist der Heiler aus Neuseeland mit den erstaunlichen Erfolgen in Tschernobyl. Er ist leider 2013 verstorben, seine Website ist:

www.deepfieldrelaxation.com

Suggestopädie – das ist eine eigene Lernwelt. Mehr dazu findet ihr bei: Deutsche Gesellschaft für suggestopädisches Lernen:

www.dgsl.de

www.suggestopaedie.de

Zum Kapitel: Ängste auflösen

Einzelsitzungen und Seminare zu **emotionalen Ausgleichsübungen** (Stichwort: alte Verhaltensmuster, Erinnerungsbilder etc.) gibt Dagmar Neubronner. Man kann mit dieser Technik auch die Ursachen aktueller Ängste aufspüren und sie auflösen.

www.geniusverlag.de

Die einfache **Meridian-Klopftechnik** und dazu das Buch: *Sorgenfrei in Minuten. Klopfen Sie sich gesund und glücklich mit Meridian-Energie-Techniken* findet man unter:

www.franke-akademie.de

www.thejourney.com – von **Brandan Bays**, siehe auch gleichnamige Bücher, u. a. auch: *Journey for kids*. Die Autorin löst in Seminaren, CDs oder eben in ihrem Buch Ängste mit gezielten geistigen und emotionalen Werkzeugen in Fantasiereisen auf.

Die Augen-rechts-links-Technik findet sich unter:

www.emdr.at

Auch sie ist sehr einfach und »erschreckend« effektiv. Eine Begleitung ist auf jeden Fall gut dabei.

Zwei **Qigong-Formen** (die auch in Neue Dimensionen der Heilung detailliert vorgestellt werden):

Zhigong: Diese Form ist mein Favorit. Sie verbindet Bewegung mit innerer Vorstellung. Studien wiesen einen Heilerfolg von 95 Prozent nach (bei 30 Tagen mit je zwölf Stunden Training pro Tag in einer Klinik in China). Aktuell gibt es hier eine schöne Webseite mit vielen Videos:

www.zhigong.nl/de

Hsin Tao mit **Ratziel Bander**:

www.hsintao.com

Über die Autorin

Vor ihrer Karriere als Autorin arbeitete Bärbel Mohr (*5.7.1964 †29.10.2010) als freiberufliche Fotografin, Redakteurin und Grafikerin.

1995 begann sie hobbymäßig für eine Zeitschrift zu schreiben. *Bestellungen beim Universum* verteilte sie zunächst als Handkopie an Freunde und Bekannte, ehe es als Buch erschien und zum Bestseller wurde.

Neben ihren zahlreichen Lebenshilfebüchern veröffentlichte sie auch zu Themen wie alternative Energieformen, Heilungsansätze, Wirtschaftsmodelle, Erziehungsformen und paranormale Phänomene, reiste nach Bangladesh zu Muhammad Yunus, dem Gründer der Bank für die Armen (Grameen), lange bevor dieser den Friedensnobelpreis erhielt, interviewte Millionäre, um deren Erfolgsformel zu entschlüsseln, erkannte *Krisen als Chance*, untersuchte, ob es möglich ist, *Arbeitlos und trotzdem glücklich* zu sein.

Sie trat in Talkshows auf, gab Seminare im In- und Ausland, schrieb auch Kinderbücher, Romane und Drehbücher, produzierte Videos und Hörbücher. Ihre Bücher wurden in 20 Sprachen übersetzt und weltweit rund 2 Millionen mal verkauft. *Bestellungen beim Universum* erschien sogar in der Volksrepublik China.

Alles Wissenswerte von und über Bärbel erfährt man unter: www.baerbelmohr.de

192 Seiten, gebunden
ISBN 978-3-89845-605-0
€ [D] 12,95

Manfred Mohr

Bestellungen beim Universum heute

Neues Wünschen in einer neuen Zeit

Das Bestellen beim Universum ist heute vielschichtiger geworden. Was als »Bestell es dir doch einfach« begann, trägt heute die Früchte eines sich verstärkenden Bewusstseins, das weiß, dass wir etwas in unserem Leben verändern können.
Dieses Buch hilft dir zu spüren, wie eng verflochten wir mit dem Universum und unseren Mitmenschen sind und wie entscheidend unsere innere Haltung ist.
Entdecke auch du die neue Form des Bestellens für dich!

232 Seiten, gebunden
ISBN 978-3-930243-57-0
€ [D] 12,50

Bärbel Mohr

Der kosmische Bestellservice

Eine Anleitung zur Reaktivierung von Wundern

In diesem Buch vertieft Bärbel Mohr die nötigen Voraussetzungen zur Wunscherfüllung. Wichtige Tipps, Tricks und Ideen rund um die Bestellungen beim Universum stehen nur hier. Sie berichtet von Bestellerfolgen, analysiert aber auch Misserfolge und legt weitere Kriterien dar, die es beim Bestellen zu beachten gilt. Und damit kann der Weg frei werden zur »Reaktivierung von Wundern«.

152 Seiten, gebunden
ISBN 978-3-930243-51-8
€ [D] 9,95

Bärbel Mohr

Lieferungen vom Universum

Wie Wünsche wahr werden

Lassen Sie sich inspirieren von den von Bärbel Mohr gesammelten Bestellerfolgen – von Geldgewinnen über Wunderheilungen, Hilfe bei allerlei Lebensnotlagen bis hin zur Lieferung von Traumpartnern. Nichts ist unmöglich für den, der sich mit dem »Kosmischen Bestellservice« verbunden fühlt! Für »Neukunden« des universalen Lieferservices bietet die Autorin eine kurze Zusammenfassung der Bestelltechnik.

192 Seiten, gebunden
ISBN 978-3-930243-53-2
€ [D] 10,95

Bärbel & Manfred Mohr

Bestellungen aus dem Herzen

Wie die Liebe Wünschen Kraft verleiht

Manche Menschen bestellen unterbewusst, durch die nonverbale Sprache ihrer Gefühle und inneren Bilder, etwas anderes als das, was sie sich, verbal formuliert, eigentlich wünschen. Hier hilft es, die eigene Gefühlswelt zu erforschen und zu verbessern. Unterstützung gibt es dabei durch die Liebe und das Hören auf die Stimme des Herzens. Vorgestellt werden in diesem Buch außerdem einige neue wirkungsvolle Bestelltechniken und ein Ritual mit den »10 Bestellregeln des Herzens«.

55 Karten,mit Booklet, in Box
ISBN 978-3-930243-31-0
€ [D] 13,80

Bärbel Mohr

Jokerkarten für Bestellungen beim Universum

Wer seine »Bestellungen beim Universum« optimieren will, hält mit diesem Set entscheidende Joker in der Hand. Auf 52 Karten wurden komprimierte Weisheiten von Bärbel Mohr übertragen, die daran erinnern, wie man die »kosmischen Geschenklieferungen« selbst beschleunigen kann. Dabei geht es vor allem darum, die eigene Grundschwingung, Intuition und Bewusstheit zu steigern und sich so in optimale Resonanz zum Universum zu versetzen.

256 Seiten, Klappenbroschur
ISBN 978-3-89845-617-3
€ [D] 12,00

Manfred Mohr

Deine Zahlen – deine Sterne

... sich selbst erkennen – andere verstehen

Mit diesem Buch kannst du Menschen, die für dich kompliziert sind, besser verstehen und leichter mit ihnen umgehen. Du gelangst zur entspannten Akzeptanz der eigenen Stärken und Schwächen und der Fähigkeit, deine Mitmenschen wie dich selbst mit einem Augenzwinkern so zu nehmen, wie wir nun einmal sind.

272 Seiten, 2-farbig, Klappenbroschur
ISBN 978-3-89845-648-7
€ [D] 20,00

Peter Berliner

Klare Worte

Wie Sie überzeugend sagen, was Sie meinen

Ob im Beruf oder im Privatleben: Wirkungsvolles Sprechen vor und mit anderen Menschen ist heute wichtiger denn je. Wer seine Ideen überzeugend vortragen kann, hält den Schlüssel zum Erfolg in der Hand.
Kompakt und unterhaltsam coacht Sie Peter Berliner, Experte für Kommunikation und Persönlichkeitsentwicklung, wie Sie die Kunst der klaren Worte erfolgreich meistern und andere von Ihren Ideen überzeugen!

160 Seiten, durchg. farbig, gebunden
ISBN 978-3-89845-623-4
€ [D] 16,00

Theo Fischer

WuWei – Lebenskunst des Tao

Nichts tun und alles erreichen

Wer sich der jahrtausendealten Weisheit des Tao öffnet, wird erfahren, dass es sich mit ihr unbeschreiblich leicht lebt.
Theo Fischer zeigt, wie man in der Gegenwart leben und das Leben annehmen und genießen kann, so wie es ist, und dadurch frei von Sorgen und Gedanken um das Morgen wird. So erfährt man, wie schön und voller Freude unser Dasein von seiner ursprünglichen Bestimmung her sein kann.

176 Seiten, broschiert
ISBN 978-3-89845-664-7
€ [D] 12,00

Deine Mutmacherin – Ilona Friederici

Hamanyalas – Weisheiten des leichten Lebens

Was ist wirklich wichtig in deinem Leben? Weißt du eigentlich, wer du wirklich bist und was du willst?
Entdecke die Hamanyalas – wertvolle Wegweiser zu dir selbst. Mit ihrer Hilfe findest du den Mut, dich selbst kennenzulernen, musst im Alltag nicht mehr nur funktionieren – und du erkennst, was du eigentlich möchtest.
Und auf einmal ist das Leben so viel leichter und schöner als zuvor …

192 Seiten, Klappenbroschur
ISBN 978-3-89845-661-6
€ [D] 12,00

Werner Ablass

Leide nicht – liebe

Über die Liebe zur Liebe ohne Objekt

Dieses Buch zeigt, wie man trotz aller Widrigkeiten im Alltag in die Schwingung von Agape gelangt – einer Liebe, bei der man nicht liebt, weil man bestimmte Menschen, Dinge oder Situationen liebenswert findet; man liebt, weil man merkt, wie gut es einem dabei geht. Dadurch wird man automatisch zu einem Magneten für Harmonie, Glück und Erfolg.

296 Seiten, broschiert
ISBN 978-3-89845-469-8
€ [D] 16,95

Usha Gönnawein

33 kosmische Gesetze zum Verstehen des wahren Seins

Die 33 kosmischen Energiegesetze helfen Ihnen zu begreifen, warum Sie hier sind, wie Sie sind, was Sie noch lernen dürfen und wie Sie das Gelernte anwenden können, damit Sie als Mensch Ihre Göttlichkeit erkennen. Dieses Bewusstseinsbuch beflügelt Sie zu einem neuen Verstehen Ihres wahren Seins – für ein leichteres und zufriedeneres Leben in Fülle!

176 Seiten, broschiert, mit abgerundeten Ecken
ISBN 978-3-89845-603-6
€ [D] 11,00

Silke Mayer

Die Kunst cool zu bleiben

Gelassen leben

Dieses Buch beweist, dass Sorgen und Ärger nicht zum Alltag gehören müssen. Antike Lebensweisheiten der Stoiker bringen uns eine relativierende – stoische – Sichtweise nahe. Wir lernen, wie wir in ärgerlichen oder besorgniserregenden Situationen Ärger und Sorgen eindämmen oder gar nicht erst entstehen lassen.

Weiterführende Informationen zu
Büchern, Autoren und den Aktivitäten
des Silberschnur Verlages erhalten Sie unter:
www.silberschnur.de

Natürlich können Sie uns auch gerne den
Antwort-Coupon aus dem beiliegenden
Lesezeichenflyer zusenden.

Ihr Interesse wird belohnt!